ALLES ÜBER
SCHLAG UND SCHWUNG

ALLES ÜBER SCHLAG UND SCHWUNG

DAVID LEADBETTER

■ mit John Huggan ■

VORWORT VON
NICK FALDO

Ein Buch des
*GOLF*magazin

Jahr-Verlag GmbH & Co

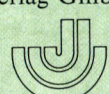

Für Kelly und Andy

Alle Rechte in deutscher Sprache 1991 bei

Jahr Verlag GmbH & Co.
Jessenstraße 1, D-22767 Hamburg
Telefon 040 / 389 06-0, Telefax 040 / 389 06-302

3. Auflage 1998

Aus dem Englischen übersetzt
von Helga Strelow

Illustrationen: Dave F. Smith
Satz: Frank de la Porte, 96328 Küps
Druck: Lego, SpA, Vicenza

ISBN 3-921789-73-7

Inhalt

*Der Autor dankt David Frost
für seine geschätzte Hilfe bei der
Vorbereitung der Illustrationen.*

Vorwort

$\mathcal{V}$or fünf Jahren hielten mich eine Menge Leute für einen recht guten Golfer, vor allem wegen meines ausgewogenen Timing und meines technisch scheinbar korrekten Schwungs. Leider konnte ich ihre Auffassung nicht teilen, im Gegenteil – die Unzulänglichkeiten, die ich in meinem Bewegungsablauf spürte, machten mich richtig unglücklich. Meine Schläge waren nicht kraftvoll genug, schon gar nicht bei Gegenwind. Ihre parabolische Form und die schwache Flugbahn waren die Folge meines zu steilen Schwungbogens. Ich hatte keine Lust mehr, zu improvisieren und zu kompensieren, ich war es leid, mir immer weitere Mätzchen auszudenken, um eine weitere Woche durchzustehen.

Sicherlich hätte ich weiterhin zu den besten Golfern in Europa gezählt, hätte dann und wann ein Turnier gewonnen und dreieinhalb gute Runden in einer großen Meisterschaft gespielt – aber das hätte mir nicht gereicht. Soweit war ich ja schon gekommen. Ich war einer der besten in Europa. Ich hatte fünf Turniere auf dem Weg zur Spitze der Order of Merit 1983 gewonnen. Ich hatte in mehr als einer großen Meisterschaft in den vorderen Rängen mitgemischt, bevor ich an den letzten neun Löchern zurückgefallen war. Manch anderer Spieler wäre damit zufrieden gewesen, aber ich fühlte mich unausgefüllt… und verunsichert.

In diesem Zustand befand ich mich also, als ich mich Ende 1984 an David Leadbetter wandte. Unser erstes Treffen verlief nur kurz. David gab mir nur ein paar Gedanken mit auf den Weg, die ich umsetzen sollte. Nachdem ich sechs Monate weitergekämpft hatte, bat ich ihn jedoch um eine Generalüberholung meines Schwungs, und er willigte ein. Mein Set-up, die Einleitung meines Rückschwungs, meine Schwungebene, meine Beinaktion und mein Gleichgewicht – alles wurde einer genauen Analyse unterzogen. Und das war erst der Anfang. Es dauerte zwei Jahre, um den athletischen Schwung aufzubauen, den ich heute habe. Es waren zwei lange Jahre, aber ich vertraute David voll und ganz und hielt mich an seine Anweisungen. Langsam aber sicher stellte ich eine Verbesserung in meinen Schlägen fest, und ich entwickelte ein neues Konzept des Golfschwungs.

Mit wachsendem Selbstvertrauen wurde mein Schwung natürlicher und weniger mechanisch. Die harte Arbeit begann sich bezahlt zu machen. Ich wurde ein besserer Spieler, einer, der ich ohne die Lehrmethoden von David Leadbetter nie geworden wäre.

Ich brauche wohl nicht zu betonen, daß David meiner Ansicht nach der beste Golflehrer der Welt ist. Er hat große Qualitäten, wobei sein größter Pluspunkt seine Fähigkeit sein dürfte, die Ursache eines Problems zu erkennen und sofort die richtige Diagnose zu stellen. Das bedeutet natürlich in jedem Fall eine absolute Unterwerfung unter seinen Drill, denn damit vermittelt er einem mehr als mit Worten das Gefühl für einen athletischen Schwung.

Das Wort „Gefühl" ist wichtig. David ist kein Lehrer reiner Mechanismen. Er kennt den Unterschied zwischen einer guten Leistung auf der Übungswiese und auf dem Platz selbst. Es besteht also keine Gefahr, daß er seine Schüler mit allzu viel Theorie abfertigt. Dieses Buch eröffnet Ihnen die Möglichkeit, sich über Ihre wahre Spielstärke klarzuwerden, so wie es bei mir der Fall war.

Nick Faldo

Einleitung

„FINDE ZU DEINEM EIGENEN
ATHLETISCHEN SCHWUNG UND
ENTDECKE DIE FORMEL FÜR
EINE GUTE SCHLAGTECHNIK."

Einleitung

Ich habe etliche Zeit meines Lebens damit zugebracht, Golfer zu beobachten, die sich auf der Driving Range um einen beständigen Schwung bemühten. Viele Bewegungsabläufe, die ich dabei sehe, sind nichts weiter als eine Kombination von jahrelanger Nachlässigkeit, kunterbunten Ratschlägen, Klischees und letztendlicher Ratlosigkeit. Anstelle einer soliden Grundlage, auf der sie aufbauen könnten, haben sich die meisten dieser Spieler von Anfang an Schwungfehler angewöhnt und verbringen nun viel Zeit damit, diese irgendwie zu korrigieren. Sie greifen jede neue Anregung auf, immer in der Hoffnung, diesmal „nun wirklich den Schlüssel zu richtig gutem Golf zu finden". Sie wissen ja, welche Ratschläge ich so meine: „Bleib' hinten", „drücke die Beine in Richtung Ziel", „schwinge weit auf", „verlagere dein Gewicht" und was dergleichen gutgemeinte Tips mehr sind. Obwohl jeder von ihnen ein Körnchen Wahrheit enthält, wird auf eine langfristige Verbesserung zugunsten schneller Lösungen verzichtet, die selten länger als ein paar Runden anhalten.

Ich war immer schon der Meinung, daß trotz der wachsenden Zahl von Spielern und der sich stetig verbessernden Ausrüstung und Platzbedingungen das allgemeine Spielniveau ziemlich unverändert geblieben ist. Das läßt sich nicht anders erklären, als daß zu viele Spieler nach einer Patentlösung für einen besseren Schwung suchen, obwohl es leider keine gibt. Wenn Sie also über die entsprechenden körperlichen Voraussetzungen zum Spielen verfügen, kann ich Ihnen nur eines sagen: Geben Sie sich Mühe, und strengen Sie sich an. Dann brauchen Sie nur noch das richtige Werkzeug, um Ihr Spiel zu verbessern.

Mit diesem Buch erhalten Sie dieses Werkzeug. Es führt Sie Schritt für Schritt durch alle Phasen des athletischen Schwungs – begrifflich und visuell. Sie werden sich einen athletischen Schwung aneignen, der fließend, einfach und immer wiederholbar ist. Und dieser wiederum wird Ihnen die Belohnung bringen, nach der Sie sich so sehnen – besseres Golf.

Ich höre von allen meinen neuen Schülern immer wieder denselben Satz: „Ich möchte den Ball beständig schlagen können". Soweit es dabei um den vollen Schwung geht, bedeutet dies eine Kontrolle der Flugbahn, die Möglichkeit, dem Ball Drall zu verleihen oder ihn eine Kurve beschreiben zu lassen, sowie seine

Weite zu kontrollieren. Eine einfache Aufgabe? Mitnichten. Das Spiel ist derart komplex, daß selbst die größten Spieler Mühe haben, beständig zu spielen.

Stellen Sie sich einmal folgende Situation vor: Um ein Turnier zu gewinnen, benötigen Sie am letzten Loch ein Par. Nach einem guten Abschlag liegen Sie 160 Meter weit vom Grün entfernt. Der ideale Annäherungsschlag wäre ein leichter Fade zum schmalen Grün, das links und rechts von Bunkern bewehrt ist. Sie wählen – sagen wir – ein Eisen 5. Die Aufgabe ist schwierig, aber nicht unmöglich. Richtig?

Betrachten wir aber nun die Sache einmal anders. Mit einer Treffzone auf der Schlagfläche von ca. 6,25 Zentimeter müssen Sie einen Ball von 42,67 mm Durchmesser treffen. Der Schläger von ca. 404 Gramm Gewicht, der in den ersten 1,5 Sekunden Ihres Schwungs eine dynamische Ziehkraft von 45 kg entwickelt, muß mit einer Geschwindigkeit von fast 145 km/Std. durch einen Schwungbogen von rund 5,40 Meter geschwungen werden. Der Ball berührt die Schlagfläche nur 0,00035stel Sekunde, und um ihn in der richtigen Richtung und über die gewünschte Weite zu schlagen, muß er in einem Winkel von 42 Grad den Schläger verlassen.

Verstehen Sie jetzt, warum Beständigkeit selbst für die talentiertesten Spieler zum Problem werden kann? Fügt man dann der Gleichung auch noch den Wind, die Lage des Balls und das menschliche Element hinzu, d. h. das jeweilige Maß an Selbstvertrauen, dann ist es erstaunlich, wie präzise manche Schläge tatsächlich sind. Wie hart auch immer Sie an Ihrer Technik arbeiten – absolute Beständigkeit ist nicht möglich. Aber man kann ihr nahekommen. Mit einem athletischen Schwung, der frei von überflüssigen Bewegungen und unnötigen Kompensationsversuchen ist, kann man ein sehr befriedigendes Maß an Treffsicherheit erreichen. Nicht nur die Zahl der guten Schläge nimmt zu, sondern die schlechten Schläge werden sich auch weniger nachteilig auf Ihren Score auswirken. Stellen Sie sich vor, wie aufregend Golf wäre, wenn Sie sich hinter den Ball stellen, sich seine Flugbahn vorstellen, Ihrem Schwung vertrauen und genau den Schlag ausführen könnten, den Sie geplant haben. Der athletische Schwung wird Sie auf diesem Weg weiterbringen.

Unbeständige Schläge oder Flugbahnen sind meist die Folge eines zu starken Handeinsatzes im Treffmoment. Das kommt daher, daß Ihr Körper eine fehlerhafte Haltung hat und die Hände die Führungsrolle übernehmen, anstatt „Gefolgschaft" zu bleiben, wie es sich gehört. Je athletischer Ihr Schwung ist, desto besser stehen Ihre Chancen, den Schlägerkopf mit maximaler Geschwindigkeit und square ausgerichteter Schlagfläche in Richtung auf das beabsichtigte Ziel zu schwingen. Um dies zu erreichen, müssen meiner Ansicht nach **sowohl die Richtung als auch die Geschwindigkeit des Schlägerkopfes von Ihrem Körper kontrolliert werden.** Ihre Hände und Arme bleiben passiv. Denken Sie: „Aktiver Kör-

per, passive Hände". Wenn die großen Muskeln Ihres Körpers die kleineren Muskeln Ihrer Hände und Arme kontrollieren – ich nehme als Vergleich gerne das Bild zu Hilfe, daß der Hund mit dem Schwanz und nicht der Schwanz mit dem Hund wackelt –, führt dies zu größerer Beständigkeit. Darum geht es beim athletischen Schwung: **Die korrekte Kopplung der verschiedenen Komponenten Ihres Körpers mit Händen, Armen und Schläger erzeugen eine dynamische Bewegung.**

Nun noch ein Rat, wie Sie optimalen Nutzen aus diesem Buch ziehen können. Lesen Sie es am besten erst einmal von vorne bis hinten durch. So lernen Sie theoretisch, was zu einem athletischen Schwung gehört. Danach ist es Zeit, die Theorie in die Praxis umzusetzen. Wie beim Bau eines Hauses sollten Sie mit den Grundmauern beginnen und dann das Gebäude darauf errichten. Dieses Buch ist so angelegt, daß Sie selbst Ihr bester Lehrer werden. Neben dem geschriebenen Wort finden Sie Illustrationen und Übungen, die Ihnen das richtige Gefühl für den athletischen Schwung vermitteln. Der Text ist in vier Kapitel unterteilt: *Die Vorbereitung, die Körperdrehung, die Schwungpositionen,* und *der Schwung als Ganzes.* Jede Stufe führt zur nächsten hin. Arbeiten Sie nach Ihrem eigenen

Tempo. Gehen Sie nicht zu schnell vor. Seien Sie geduldig mit sich selbst. Und gehen Sie erst zum nächsten Stadium über, wenn Sie das vorgehende beherrschen. Nichts in den ersten drei Kapiteln macht es erforderlich, einen Ball tatsächlich zu schlagen. Ihr Geist kann sich also ausschließlich auf die Mechanismen des athletischen Schwungs konzentrieren. Ein Spiegel oder eine Videokamera sind dabei nützliche Hilfen. Sie können auf zwei verschiedene Arten von Nutzen sein: 1) Um Ihre Haltung in jedem Augenblick zu überprüfen; und 2) als visuelle Erkennungshilfe des wichtigen, aber nicht ganz zuverlässigen „Gefühls"-Aspekts des Schwungs. Ein paar Minuten Training pro Tag werden Sie bald auf den richtigen Weg bringen.

Kapitel vier „Die Verknüpfung aller Komponenten" besteht aus Bildern und „athletischen Schlüsseln", die es Ihnen ermöglichen, während des Trainings und Spiels an Ihrem Schwung zu arbeiten. Diese Schlüssel sind der sicherste Weg zum Erfolg, denn sie helfen Ihnen, die einzelnen Phasen und Bewegungsabläufe des athletischen Schwungs zu erfühlen, sich auf das Wesentliche zu Konzentrieren und den Schwung ablaufen zu lassen, ohne sich in allzuviel Theorie zu verstricken.

Als letztes wollen wir Ihren athletischen Schwung in eine instinktiv ablaufende Bewegungsfolge verwandeln und bewußten Steuerungen entziehen. Dann brauchen Sie sich keine Gedanken mehr um Schwungmechanismen zu machen, sondern können sich voll auf Ihr Spiel konzentrieren. Erinnern Sie sich noch an das von mir vorhin erwähnte „erforderliche Par zum Sieg?" In genau dieser Situation befand sich Nick Faldo am 72. Loch der Open in Muirfield 1987. Die ganze Arbeit, der ganze Drill und die vielen tausend Bälle, die Nick geschlagen hatte, um seinen athletischen Schwung zu perfektionieren, liefen auf einen einzigen Annäherungsschlag mit einem Eisen 5 hinaus. Selbst unter diesem unglaublichen Druck war Faldo in der Lage, diesen Schlag erfolgreich auszuführen. Zwei Putts später war er der Champion, und ich weiß, daß der athletische Schwung auch aus Ihnen einen Champion machen kann – auf Ihrem eigenen Spielniveau.

David Leadbetter

1

Die Vorbereitung

„EIN ATHLETISCHER SET-UP

SCHAFFT DIE KORREKTE

VERBINDUNG ZWISCHEN

KÖRPER UND SCHLÄGER."

Die Vorbereitung

Unter Vorbereitung versteht man eine Kombination von drei wichtigen Elementen: Die Art, wie Sie Ihre Hände an den Schläger legen (Griff), die Art, wie Sie Ihren Körper im Verhältnis zu Ball und Schläger halten (Stand und Haltung), und die Art, in der Sie Körper und Schläger im Verhältnis zum Ziel ausrichten (Ausrichtung). Alle diese Elemente sind gleichermaßen wichtig, und korrekt ausgeführt, geben Sie Ihnen die bestmögliche Chance zum Erfolg.

Der Unterschied zwischen einem guten und einem schlechten Spieler offenbart sich unweigerlich in ihrer unterschiedlichen Ansprechhaltung oder in ihrem Set-up. Man sieht selten einen guten Spieler mit einem schlechten Set-up oder umgekehrt. **Ein guter Spieler erscheint dynamisch, athletisch, entspannt und bewegungsfreudig.** Ein schlechter Spieler wirkt dagegen oft nachlässig, unsportlich, angespannt und zerfahren.

Ich kann es gar nicht oft genug wiederholen: **Ein guter Set-up ist der wichtigste Baustein für jeden athletischen Schwung.** Selbst eine kleine Abweichung oder Nachlässigkeit kann Ihre Erfolgsaussichten auf gute Schläge ruinieren. Sinn der Ansprechposition ist es, die verschiedenen Komponenten Ihres Körpers vor dem Einsatz der Bewegung in eine ausgewogene Position mit dem Schläger zu bringen, denn **jede Schwungbewegung erfordert ein gutes Gleichgewicht.**

Es steht außer Frage, daß selbst die besten Spieler an ihrem Set-up härter arbeiten als an irgendeinem anderen Aspekt des Schwungs. Sie wissen, daß **der sicherste Weg zu einem beständigen Spiel nur über eine disziplinierte Vorbereitung führt.** Eine solche Disziplin ist wichtig. Eine bessere Einstellung gibt es gar nicht, wenn es um das Ansprechen des Balls geht.

Nehmen Sie einen Spiegel zu Hilfe. Die visuelle Wahrnehmung sowie das Erfühlen bestimmter Positionen geben Ihnen ein Gefühl der Sicherheit.

Arbeiten Sie jeden Tag ein paar Minuten an Griff, Stand, Haltung und Ausrichtung. Mit der Zeit wird das Ansprechen des Balls so selbstverständlich und natürlich für Sie wie das Atmen. Sie brauchen Geduld, aber sie macht sich bezahlt. Und das Schöne daran ist, daß der Set-up ein Bereich des Spiels ist, der noch völlig frei von Streß und Problemen ist, da Sie den Ball noch nicht schlagen. Jeder Golfer kann sich einen athletischen Set-up aneignen. Es gibt keine Entschuldigungen. Natürlich sind wir alle unterschiedlich gebaut, aber trotzdem können wir uns – ob groß oder klein, dick oder dünn – gleichermaßen gut vorbereiten.

Betrachten wir nun jeden einzelnen Aspekt für sich.

━ DER GRIFF ━

$\mathcal{E}$in guter Griff hat nicht automatisch einen guten Schwung zur Folge, aber ein schlechter Griff kann sehr wohl die Ursache für einen schlechten Schwung sein. Viele Golfer versuchen sich ihr ganzes Leben an einem Griff, der von Haus aus niemals eine gute Schwungbewegung zuläßt. Ein guter Griff ist der erste Schritt zu einer korrekten Haltung des Schlägerkopfes während des Schwungs. Schließlich sind die Hände der einzige Teil Ihres Körpers, der direkten Kontakt mit dem Schläger hat.

Um verstehen zu können, wie ein guter Griff auszusehen hat, muß man ihn Stück für Stück analysieren. Ich sehe immer wieder Spieler, deren Griff, oberflächlich betrachtet, korrekt wirkt, der sich bei genauerem Hinsehen jedoch als Hauptursache ihrer Golfprobleme erweist. Allgemein läßt sich sagen, daß die Hände durch einen schlechten Griff eine zu große Bedeutung erhalten, d. h. sie üben eine zu starke Kontrolle über den Schläger aus und zwingen ihn aus seiner Richtung. **Beim athletischen Schwung wird die Rolle der Hände auf ein Minimum reduziert.** Stellen Sie sich die Hände als Führer vor, die die durch die Körperdrehung erzeugte Geschwindigkeit und Kraft auf den Schlägerkopf übertragen.

Die Behauptung, besonders gute Spieler hätten besonders starke Hände, geht auf die Tage der Hickory-Schäfte zurück. Aufgrund der Elastizität und Torsion dieser alten Schäfte kontrollierten die Hände den Schwung und stellten die Schlagfläche square. Beim modernen athletischen Schwung bleiben die Hände passiv und reagieren einfach auf die Bewegung des Körpers. Deshalb lege ich auch so großen Wert darauf, daß sie in einer, wie ich es nenne, „neutralen Haltung" um den Schläger gelegt werden.

Das bedeutet nicht unbedingt, daß man mit einem weniger orthodoxen Griff nicht auch gut spielen kann. Es gibt sicherlich einige Spitzenspieler mit einem technisch nicht einwandfreien Griff. Aber diese Spieler sind aufgrund ihres Talents, ihrer überragenden Hand-Augen-Koordination und durch viel Training in der Lage, ihren mangelhaften Griff zu kompensieren.

Es ist einfach leichter, wenn man sich von Anfang an einen neutralen Griff angewöhnt, denn damit erspart man sich spätere Kompensationen während des Schwungs und stellt einfach eine Verbindung der Hände mit dem Schläger her. Je neutraler Ihre Hände beim Ansprechen des Balls sind, desto neutraler sind sie im Treffmoment. Das heißt nichts anderes, als daß Sie den Schlägerkopf nicht mit den Händen zu manipulieren brauchen. Der Schlägerkopf wird im Treffmoment nicht durch ein Überrollen der Hände, sondern durch die Drehung des Körpers square gestellt.

Verwechseln Sie jedoch diese fast völlige Ausschaltung des Handeinsatzes nicht mit dem Handgelenkeinsatz. **Die Passivität Ihrer Hände beim athletischen Schwung bedeutet nicht, daß Sie mit steifen Handgelenken schwingen.** Ganz im Gegenteil, das Abwinkeln und Strecken der Handgelenke ist die Voraussetzung für eine Übertragung der Kraft durch die Hebelwirkung, die der Golfschwung mit Armen und Schläger erzeugt. Und die Art und Weise, wie Ihre Hände den Schläger umfassen, beeinflußt diese wichtige Handgelenkbewegung. Wenn Sie den Schläger zu sehr mit den Handflächen halten, kann man die Handgelenke nicht korrekt abwinkeln, weil man nicht beweglich genug ist. Umgekehrt werden die Handgelenke durch einen Schläger, der vorwiegend in den Fingern liegt, zu aktiv und locker.

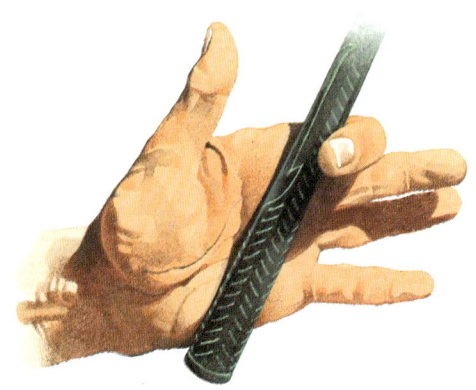

Bei einem neutralen Griff liegt der Schläger hauptsächlich in der Handfläche der linken Hand, und zwar etwa diagonal vom Handballen bis zum Zeigefinger.

Am besten geht man Schritt für Schritt vor, um sich einen neutralen Griff anzueignen. Beginnen Sie mit der linken Hand. Legen Sie immer zuerst die Linke korrekt an den Griff und umfassen Sie ihn dann mit der Rechten. So gehen Sie sicher, daß keine der beiden Hände eine zu starke Position einnimmt. Beide müssen zusammen- und nicht gegeneinanderarbeiten. **Ihr Griff ist eine beidhändige Allianz und kein Kampf um Vorherrschaft.**

Bei einem neutralen Griff hält die linke Hand den Schläger vorwiegend, aber nicht ausschließlich mit der Handfläche. Der Griff des Schlägers liegt diagonal über der Hand, und zwar vom fleischigen Handballen bis zum Zeigefinger. Damit schaffen Sie ein gesundes Gleichgewicht zwischen Fingern und Handfläche. Der

Zeigefinger liegt dabei am Schläger wie an einem Abzug. Die schmale Rippe zwischen diesem „Abzug" und dem Mittelfinger, bietet nachher dem kleinen Finger der rechten Hand gerade genug Platz, um sich bequem dazwischenzulegen.

Wenn Sie nun die linke Hand um den Schläger schließen, liegt der Daumen fast direkt auf der Schaftoberseite. Bei der Draufsicht sind die Knöchel des Zeige- und Mittelfingers zu sehen. Das „V", d. h. die Linie zwischen dem Knöchel des Zeigefingers und dem Daumen, zeigt auf Ihr rechtes Ohr.

Damit die linke Hand den Schläger natürlich halten kann, muß die Rückseite des linken Handgelenks einen flachen Winkel bilden, genauso, als würden Sie den linken Arm am Körper herabhängen lassen. Wenn Sie beim Ansprechen das Handgelenk unnatürlich flach halten oder strecken, so daß kein Winkel entsteht, bekommen Sie eventuell Probleme beim Abwinkeln der Handgelenke. Achten Sie also darauf, und greifen Sie den Schläger mit Mittel-, Ring- und kleinem Finger etwas fester. Ihre Hand muß ganz sicher sein, besonders im höchsten Punkt des Rückschwungs und im Treffmoment, wo Ihr Griff am meisten Gefahr läuft, sich zu lockern.

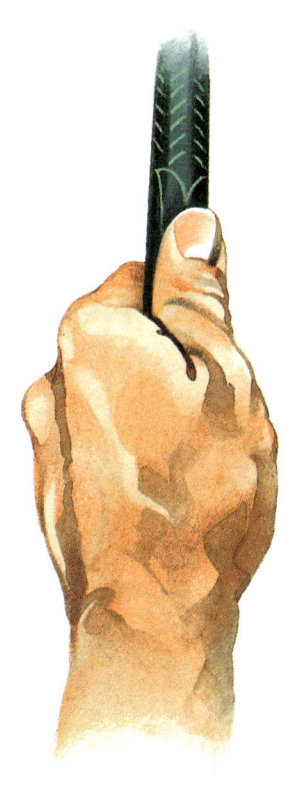

Beim Griff der linken Hand ruht der Daumen auf der Oberseite des Schafts.

Wenn der Schaft bequem zwischen dem fleischigen Teil Ihrer Handfläche und den letzten drei Fingern ruht, haben Sie die beste Gewähr für einen sicheren Halt. Ihr Griff soll fest, aber nicht verkrampft sein. So kann die linke Hand dem Schlag am besten „begegnen", während der Schläger durch den Ball schwingt.

Achten Sie auch darauf, daß der linke Handballen nicht über das Schaftende hinausragt. Zumindest die Kappe des Griffs sollte noch sichtbar sein. Dies ist wichtig. Sie schwingen oder schlagen dadurch zwar nicht besser, behalten aber eine wirksamere Kontrolle. Die Haltung der linken Hand ist deshalb so wichtig, weil sie weitgehend ein Spiegel Ihrer Schlagfläche ist. Durch die Richtung, in die sie im Treffmoment zeigt, wird der Winkel der Schlagfläche festgelegt und damit die Flugrichtung des Balls.

Im Gegensatz zur linken Hand hält die rechte den Schläger fast ausschließlich mit den Fingern. Der Schaft liegt leicht diagonal über den Fingerwurzeln.

Wenn Sie die linke Hand korrekt an den Schaft gelegt haben, wird es Zeit für die rechte Hand. Aber Vorsicht! Sind Sie Rechtshänder, also von Natur aus auf der rechten Seite stärker, sollten Sie einer Neigung der rechten Hand entgegenwirken, den Griff alleine zu übernehmen und die linke Hand zu dominieren. Ich muß immer wieder betonen, wie wichtig es ist, daß beide Hände als eine Einheit agieren. **Die richtige Haltung beider Hände auf dem Schaft ist der erste Schritt zu korrekten Schwungpositionen.**

Sie haben drei Möglichkeiten, Ihre rechte Hand auf dem Schläger mit der linken zu vereinigen:

*Beim Greifen des Schlägers
fühlt man besonderen
Druck
(a) in den letzten drei
Fingern der linken Hand;
(b) im „Abzugsfinger" der
rechten Hand und
(c) in der über dem linken
Daumen liegenden
Lebenslinie der rechten
Hand*

● Durch den „overlapping" oder Vardon-Griff, bei dem sich der rechte kleine Finger in die Vertiefung zwischen den Knöcheln des linken Zeige- und Mittelfingers schmiegt;
● durch den „interlocking" Griff, bei dem der rechte kleine Finger zwischen Zeige- und Mittelfinger der linken Hand liegt;
● durch den Zehn-Finger-Griff, bei dem der rechte kleine Finger direkt auf dem Schaft liegt.

Ich bevorzuge den „overlapping"-Griff, den auch die Mehrheit aller Spitzenspieler benutzt. Mit ihm hat man das beste Gefühl, und gleichzeitig sind beide Hände miteinander verbunden. Bei diesem Griff **hält die rechte Hand den Schläger hauptsächlich mit den Fingern.** Der Schaft liegt leicht diagonal über den Fingerwurzeln, und wenn sich die Hand um den Schläger schließt, liegt der linke Daumen bequem zwischen den beiden fleischigen Teilen der rechten Handfläche – fast genau entlang der rechten Lebenslinie. Der rechte Zeigefinger liegt leicht unter dem Schaft wie am Abzug einer Waffe, und der rechte Daumen liegt auf der lin-

*Wenn beide Hände bequem
am Schläger liegen, sind die
von der Rückseite beider
Handgelenke gebildeten
Winkel symmetrisch.*

ken Seite des Griffs. Das von Daumen und Zeigefinger gebildete „V" weist zum Kinn. Die rechte Hand liegt bequem gegenüber der linken am Schaft, so daß beide eine geschlossene Einheit bilden. Und genau wie beim linken Handgelenk bildet auch die Rückseite des rechten Handgelenks einen flachen Winkel, um einen neutralen Griff sicherzustellen. Beide Handgelenke sind somit ziemlich symmetrisch.

Die Druckpunkte auf der rechten Hand gewährleisten genau wie die auf der linken einen festen und trotzdem unverkrampften Griff. **Die Lebenslinie in der Handfläche der rechten Hand drückt auf den linken Daumen.** Außerdem sollten Sie sich Ihres „Abzugsfingers" bewußt werden und einen leichten Druck nach oben gegen den Schaft verspüren. Achten Sie darauf, daß beide Hände einen gleichmäßigen Druck ausüben.

Mit beiden Händen am Schläger sollten Sie einen festen Griff haben, aber besonderen Druck in den letzten drei Fingern der linken Hand, im Zeigefinger der rechten Hand und entlang der Lebenslinie der rechten Hand spüren, die über dem linken Daumen liegt. Halten Sie den Schläger nicht **zu** fest. Ein scharfer Ruck am Schlägerkopf sollte genügen, um Ihren Griff zu lockern, aber nicht, um Ihnen den Schläger aus den Händen zu ziehen.

Sie können leichter überprüfen, ob Ihr Griff korrekt ist, wenn Sie ihn im 45-Grad-Winkel nach oben halten.

Hier noch ein kleiner Rat zum Grifftraining. Eine korrekte Haltung der Hände wird erleichtert, wenn Sie den Schläger im 45-Grad-Winkel von sich weg nach oben strecken. Auf diese Weise können Sie die linke Hand exakt an den Schläger legen, mit dem Schaft diagonal über der Handfläche. Ich beobachte häufig, wie Spieler ihren Schläger mit nach unten gerichtetem Schaft greifen, was häu-

23

fig einen schlechten Griff zur Folge hat. Wenn Sie den Schläger nach vorne strekken, können Sie auch leichter feststellen, ob die Führungskante des Schlägers vertikal steht und damit square, sobald die Schlagfläche hinter dem Ball aufgesetzt wird.

Üben Sie Ihren Griff täglich mindestens 20 Minuten lang. Das geht auch gut beim Fernsehen. Trainieren Sie solange, bis Sie nicht mehr darüber nachzudenken brauchen. Es ist sicherlich nicht gerade der aufregendste Drill, aber die korrekte Haltung Ihrer Hände ist einfach zu wichtig, als daß man sie vernachlässigen dürfte.

▬ DER SET-UP ▬

$\mathcal{N}$un da Ihre Hände den Schläger bequem und korrekt umfassen, müssen Sie Ihren Körper in die richtige Stellung im Verhältnis zum Ball bringen, damit Sie während des ganzen Schwungs ein gutes Gleichgewicht aufrechterhalten können. **Alle guten Schwünge gehen mit einem guten Gleichgewicht einher.** Fehlt es, so werden Sie zwangsläufig viele schlechte Schläge produzieren.

Obwohl der Golfschläger relativ leicht ist, kommt er Ihnen erheblich schwerer vor, wenn Sie ihn mit hohem Tempo schwingen, und die Haltung des Körpers muß dieser Tatsache gerecht werden, d. h. sie muß so sein, daß Sie dieses immer „schwerer" werdende Gerät frei und unbehindert schwingen können.

Ich stelle häufig fest, daß eine schlechte Körperhaltung beim Ansprechen des Balls den Schwung schon von vorherein zum Scheitern verurteilt. Sie brauchen ein dynamisches Gleichgewicht, das es Ihnen ermöglicht, Ihr Gewicht unbehindert von der Mitte nach rechts und hinüber zur linken Seite zu verlagern. Zu diesem Zweck **muß der Körper beim Ansprechen des Balls bestimmte Winkel bilden.** Wenn Sie diese Winkel beibehalten, wird es Ihnen erheblich leichter fallen, den angestrebten freien Schwung zu vollführen.

Fangen wir bei den Füßen an.

Probieren Sie am besten selbst aus, welche Weite des Standes für Sie am günstigsten ist. Zwei Grundregeln gilt es beim Stand jedoch zu beachten:

1. Er sollte weit genug sein, um Ihnen ein Gefühl der Stabilität zu geben, und eng genug, um eine gute Bewegung zu fördern.
2. Je kürzer der Schläger, desto enger der Stand.

Die wichtigsten Aspekte des Standes sind jedoch Bequemlichkeit, Gleichgewicht und ein Gefühl von Bewegungsbereitschaft in den Füßen und Beinen. Diese Aspekte werden im allgemeinen am ehesten mit einem Stand erreicht, bei dem **der Abstand zwischen den Fersen nie größer als Schulterbreite ist.**

Der Ball sollte mit jedem Schläger aus Ihrer Tasche ungeachtet der Weite Ihres Standes von einer Stelle gegenüber Ihrer linken Achselhöhle gespielt werden. Nur die Gewichtsverteilung variiert geringfügig.

Um Ihrem Körper genug Platz zu geben, sich frei auf- und wieder abzudrehen, sollten beide Füße in einem Winkel von etwa 25–30 Grad nach außen gestellt werden. Wenn Sie den rechten Fuß nach außen richten, wird die rechte Körperseite beim Rückschwung aus dem Weg gedreht, während das Ausstellen des linken Fußes die richtige Drehung der Hüften im Treffmoment fördert. Manche Spieler stellen den rechten Fuß lieber im rechten Winkel zur Linie zum Ziel, aber dies kann eine allzu starke Einschränkung der Körperdrehung zur Folge haben.

Um die Körperdrehung zu erleichtern, sollten Sie beide Füße in einem Winkel von ca. 30 Grad nach außen stellen.

Die Lage des Balls im Verhältnis zum Stand ist ein Thema, über das schon seit Anbeginn des Spiels diskutiert wird. Die Lösung ist jedoch einfach. **Der Ball bleibt bei jedem Schläger Ihres Sets ungeachtet der Weite Ihres Standes in der gleichen Position, nämlich gegenüber Ihrer linken Achselhöhle.** Dadurch wird eine konstante Beziehung zwischen Ball und linkem Fuß hergestellt.

Wenn Sie wirklich die Weite Ihres Standes variieren wollen, brauchen Sie nur den rechten Fuß näher an den linken heranzuziehen. Je größer die Neigung Ihres Schlägers ist, desto näher ziehen Sie den rechten Fuß an den linken. Auf diese Weise erscheint der Ball im Verhältnis zum Stand etwas weiter zurückzuliegen, aber in Wirklichkeit bleibt das Verhältnis zwischen Ball und linker Körperseite unverändert. Bei jedem Schlag **bilden der linke Arm und der Schaft fast eine Gerade.** Diese stellt den „Radius" Ihres Schwungs dar und bleibt während des ganzen Schwungs beibehalten. Zumindest sollten Sie das Gefühl haben, sie beizubehalten.

Durch eine Angleichung des rechten Fußes, d. h. der Weite Ihres Standes, können Sie den Ball an verschiedenen Punkten Ihres Schwungbodens treffen. Im Idealfall bedeutet dies – über die ganze Palette der Schläger gesehen –, daß der Schlag mit dem Driver im Aufsteigen, mit einem kurzen Eisen im Absteigen erfolgt. Dies ist wichtig. Viele Spieler neigen dazu, den Schlägerkopf ihrer Eisen wie auch ihrer Hölzer im selben zu steilen Winkel an den Ball zu bringen, und dies führt unweigerlich zu einem zu tiefen Divot und einer unbeständigen Flugbahn des Balls.

Meiner Ansicht nach **sollte der Schlägerkopf eines jeden Schlägers in einem ziemlich flachen Winkel an den Ball gebracht werden.** Dadurch werden die Divots der Eisen viel flacher und die Ballkontrolle wird verbessert. Der Flug der mit den Hölzern geschlagenen Bälle ist gezielter, was natürlich in größerer Weite resultiert.

Sie haben sicherlich auch schon gehört, man solle „im niedrigsten Punkt des Schwung eine flache Stelle erzeugen." Mit einer Ballposition gegenüber Ihrer linken Achselhöhe erreichen Sie genau das. Der Schläger schwingt im Treffmoment ziemlich flach über dem Boden – nicht scharf nach unten und wieder nach oben. So kommt ein kräftiger Schlag mit square ausgerichteter Schlagfläche zustande. Eine solche Standard-Ballposition hat auch noch einen anderen Vorteil: Die Zahl der Variablen in Ihrem Set-up wird reduziert – ein großes Plus bei Ihrem Streben nach Beständigkeit.

Diese Ballposition gegenüber der linken Achselhöhe sollte nur bei ganz bestimmten Schlägen verändert werden. Bei einem niedrigen Punch-Schlag gegen den Wind wird der Ball zum Beispiel etwas mehr vom rechten Fuß gespielt. Umgekehrt spielen Sie bei Rückenwind den Ball von etwas weiter vorne.

Allgemein läßt sich sagen, daß Sie die ideale Ballposition schon „finden", wenn Sie gut schwingen. Ist Ihr Schwung dagegen schlecht, ist auch meist die Ballposition so, daß der Schlägerkopf auf einer schlechten Schwungbahn und in einem zu steilen Winkel an den Ball gebracht wird.

Hand in Hand mit der Ballposition geht die Verteilung des Gewichts beim Ansprechen des Balls (siehe Seite 25). Da Sie den Ball mit dem Driver im Aufsteigen treffen, ruht mehr Gewicht auf dem rechten als auf dem linken Fuß. Ein günstiges Verhältnis ist etwa 55 Prozent rechts zu 45 Prozent links. Mit einem mittleren Eisen treffen Sie den Ball etwas mehr im Absteigen, so daß in diesem Fall eine gleichmäßige Gewichtsverteilung von 50 zu 50 Prozent angebracht ist. Und beim Spiel mit einem kurzen Eisen, mit dem Sie naturgemäß aufrechter schwingen, müssen Sie etwas mehr Gewicht nach links verlagern, um den Ball vom Boden wegzuzwingen. In diesem Fall scheint mir ein Verhältnis von 45 Prozent rechts und 55 Prozent links ideal.

Von der Stellung der Füße kommen wir auf unserem Weg nach oben nun zu den Knien und hier vor allem zum Grad ihrer Beugung.

Wenn Sie Ihre Knie beugen, senken Sie Ihren Schwerpunkt. Dies fördert das Gleichgewicht und stabilisiert den Körper bei seiner Drehung nach rechts und links. **Wichtig ist, eine „startbereite" Position zu schaffen.** Dazu werden die Knie gerade soweit gebeugt, daß bei der Draufsicht zwei durch Ihre beiden Kniescheiben gezogene senkrechte Linien in den Fußballen enden würden und daß die Füße zur Hälfte sichtbar sind. Wenn Sie nur die Fußspitzen sehen können, sind

Wenn die Knie richtig gebeugt sind, befinden sich die Kniescheiben direkt über den Fußballen.

die Knie zu stark gebeugt. Können Sie jedoch beide Füße ganz sehen, sind Ihre Beine zu sehr gestreckt. Achten Sie auch darauf, daß Ihre Knie ein wenig nach außen gerichtet sind. Dadurch wirken Sie zwar leicht o-beinig, aber es fördert die Gewichtsverteilung, die nötig ist, um die Beine flexibel und bewegungsfreudig zu halten.

Nun, da Füße und Beine „startbereit" sind, **werden die Hüften leicht nach oben in Richtung Ziel geneigt, d. h. die linke Hüfte sollte geringfügig höher sein als die rechte.** Dadurch gerät die rechte Körperseite in eine niedrigere, passivere Haltung. Verdrängen Sie alle Gedanken, die rechte Schulter zu senken oder die linke zu heben, denn das kann eine geschlossene Haltung zur Folge haben (nach rechts vom Ziel ausgerichtet). Wenn Sie die linke Hüfte nach oben neigen, wird durch diese Haltung in Kombination mit der Tatsache, daß die rechte Hand niedriger am Schaft liegt als die linke, die rechte Schulter automatisch gesenkt.

Der wichtigste Winkel der Ansprechposition ist der zwischen Ober- und Unterkörper. Beugen Sie sich aus den Hüften nach vorne, und verwechseln Sie die Hüften nicht mit der Taille. Wenn Sie sich aus der Taille nach vorne beugen, befindet sich der Oberkörper meist zu weit über dem Ball. Also – aus den Hüften nach vorne. Dieser Winkel ist wichtig. **Die Beugung des Oberkörpers nach vorne bestimmt die Bewegung des Rückgrats während des Schwungs und schafft die Achse für die Ebene, auf der Sie den Schläger schwingen.**

Da die Bewegung des Körpers beim Schwung eine so große Rolle spielt, ist

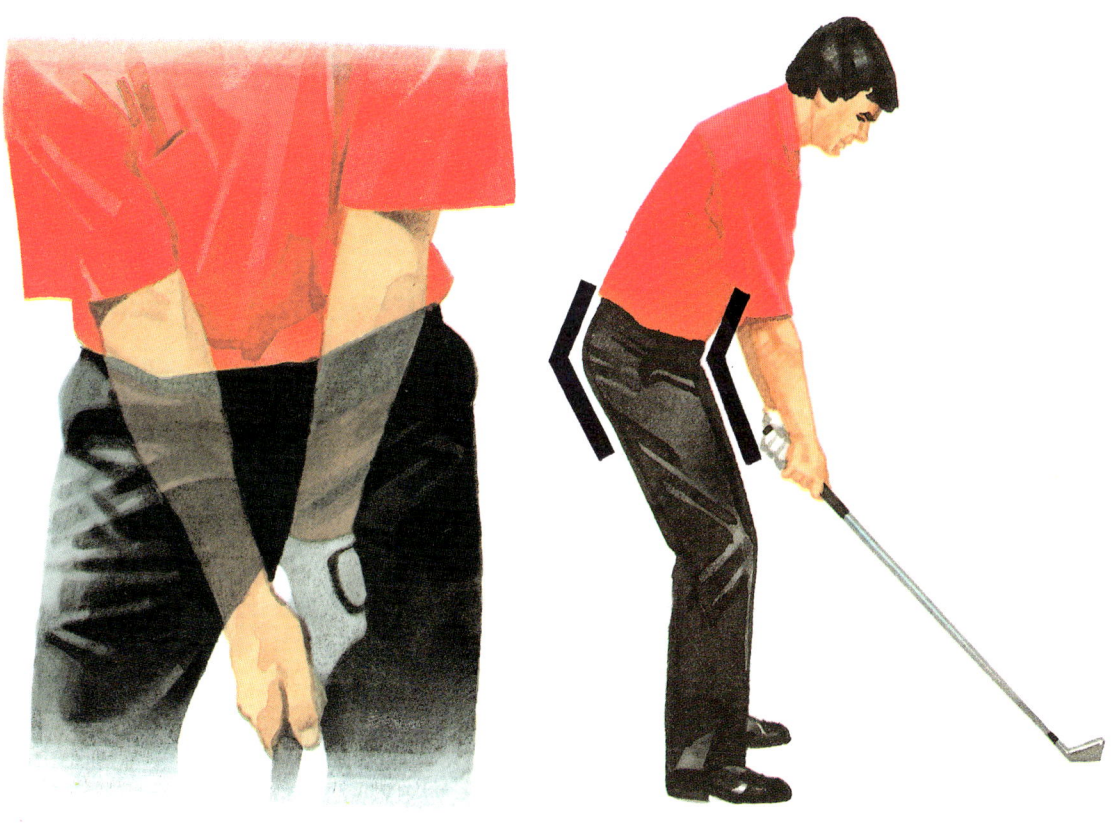

eine korrekte Beugung nach vorne absolut unerläßlich, denn ein falscher Rückgrat-Winkel aktiviert Hände und Arme über Gebühr. Vergessen Sie nicht: Es ist
die Drehbewegung des Körpers, nicht die der Hände und Arme, die den athletischen Golfschwung kontrolliert.

Bei einer korrekten Beugung des Oberkörpers aus den Hüften heraus wird
sich das Gesäß leicht nach hinten strecken. Der untere Teil des Rückens bleibt
ziemlich gerade, der obere Teil ist leicht abgerundet. Der Kopf ist so geneigt, daß
das Kinn nach rechts zeigt. Gleichzeitig ist es „hoch" genug, daß Sie die Schultern
ungehindert darunter drehen können. Dadurch wird der Oberkörper entspannt
und erhält eine, wie ich es nenne, „aufrechte Sitzhaltung". Sie fördert eine gleichmäßige Verteilung des Gewichts zwischen Fußspitzen und Fersen. **Sie sollten das
Gefühl haben, als befände sich Ihr Gewicht direkt unter Ihnen.** Ist das Gewicht
zu weit nach vorne oder hinten verlagert, verlieren Sie leicht das Gleichgewicht,

*Links: Beim Ansprechen
steht die linke Hüfte etwas
höher als die rechte.
Dadurch wird die rechte
Körperseite automatisch
gesenkt.*
*Rechts: Der korrekte
Rückgrat-Winkel bildet die
Achse Ihrer Schwungebene.*

29

was wiederum eine schlechte Schwungbewegung zur Folge hat. Bleiben Sie also in der Mitte und „startbereit", und verlagern Sie Ihr Gewicht weitgehend auf die Fußballen.

Machen Sie einmal folgenden kleinen Test: Können Sie beim Ansprechen von den Fersen auf die Fußspitzen und zurück wippen? Wenn ja, dann ist ihr Gewicht korrekt verteilt. Können Sie jedoch nur die Zehen bewegen, ruht zuviel Gewicht auf den Fersen. Umgekehrt gilt dasselbe. Wenn Sie nur die Fersen heben können, haben Sie zuviel Gewicht auf die Fußspitzen verlagert.

Gehen wir die Sache einmal anders an: Eine senkrechte Linie von der Mitte der rechten Schulter oder dem Trizeps sollte über die Kniescheibe weiter zum Fußballen führen. Diese Linie ist die Achse Ihres Schwungs, um die Sie sich drehen. Liegt diese Linie vor den Knien, ruht Ihr Gewicht zu weit vorne, verläuft sie hinter den Knien, ist das Gewicht zu weit nach hinten verlagert. Wenn Sie die Achse konstant halten, können Sie sich schnell bewegen und trotzdem die beim Ansprechen festgelegten Körperwinkel beibehalten. Dies ist das ganze Geheimnis **– die Körperwinkel konstant zu halten.**

Eine senkrechte Linie durch die Mitte der rechten Schulter oder den Trizeps sollte durch die Kniescheibe hinab zum Fußballen führen.

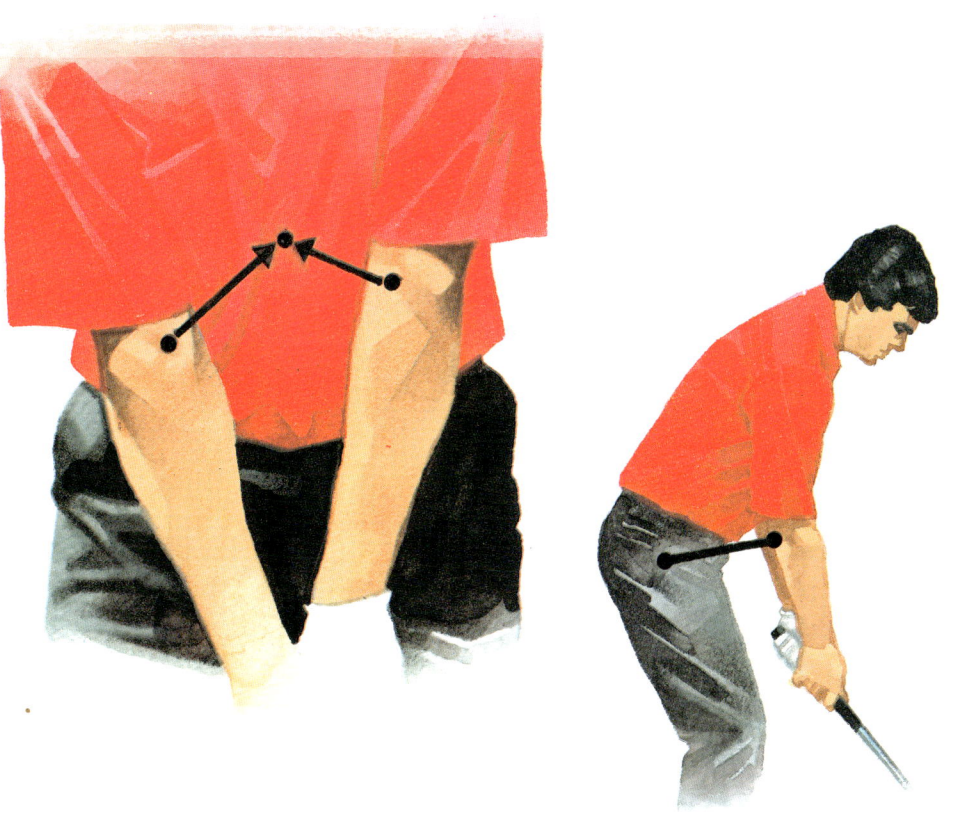

Nun haben Sie die richtige Haltung, um den Schläger hinter dem Ball aufzusetzen. Dabei sollten die Arme und Hände frei von den Schultern herabhängen, wobei die Arme nach außen gedreht sind. Mit anderen Worten: Würde man zwei Linien von den Ellbogen aus durch die Armbeugen ziehen, würden sie sich vor Ihrem Körper kreuzen. (In der anderen Richtung laufen diese Linien auf Ihre Hüftknochen zu). Dieses von Armen und Brust gebildete Dreieck wird mehr oder minder während des ganzen Rückschwungs beibehalten.

Ihre Hände befinden sich so tief, daß an der linken Daumenwurzel zwischen Schaft und linkem Arm ein Winkel entsteht. Sie werden später sehen, daß dieser bei der ersten Bewegung in den Rückschwung hinein sehr hilfreich ist und die Spannung reduziert. In den Achselhöhlen zwischen Oberarmen und Brustkorb sollten Sie einen gewissen Druck verspüren. Fehlt er, so haben Ihre Arme nicht die richtige Haltung. Spüren Sie jedoch Druck in der Brust bis hinunter zu den Ell-

Links: Bei jeder guten Ansprechhaltung hängen die Arme frei vom Körper herab. Würde man Linien von den Ellbogen aus durch die Armbeugen ziehen, würden sie sich vor dem Körper treffen.
Rechts: Die Ellbogen zeigen direkt zu den Hüften.

Oben und rechts: *So erreichen Sie die richtige „startbereite" Position:*
(a) Stellen Sie sich aufrecht hin und strecken einen Schläger von sich weg;
(b) beugen Sie die Knie so, daß Sie bei der Draufsicht Ihre Füße nur zur
Hälfte sehen können;
(c) lassen Sie die Arme fallen, ohne sich nach vorne zu beugen und
(d) beugen Sie sich aus den Hüften nach vorne und strecken dabei das
Gesäß leicht nach hinten.
Wenn der Schläger nun den Boden berührt, haben Sie die perfekte
Ausgangsposition für einen athletischen Schwung.

bogen, dann halten Sie die Arme zu eng am Körper. Überhaupt keinen Druck spüren Sie natürlich, wenn Sie die Arme zu weit weg vom Körper halten.

Ich weiß, daß dies alles eine Menge Informationen über den Set-up sind, aber
seine Bedeutung ist einfach nicht zu unterschätzen. Nachdem Sie nun das Konzept kennen, wollen wir den ganzen Vorgang in einer einzigen kleinen Übung zu-
sammenfassen:

Stellen Sie sich aufrecht hin und strecken Sie einen Schläger von sich weg.
Beugen Sie die Knie soweit, daß Ihre Kniescheiben sich bei der Draufsicht direkt

33

über den Fußballen befinden, Zu diesem Zeitpunkt ruht der größte Teil Ihres Gewichts noch auf den Fersen. Lassen Sie die Arme fallen, ohne den Körper dabei nach vorne zu beugen, den Kopf zu senken oder die Handgelenke abzuwinkeln. Der Schläger hängt bequem einige Zentimeter über dem Boden. Nun erst beugen Sie sich aus den Hüften nach vorne, senken das Kinn und strecken das Gesäß nach hinten, bis der Schlägerkopf auf dem Boden aufsitzt. Das Gewicht hat sich nunmehr nach vorne auf die Fußballen verlagert. Damit dieser Set-up wirkungsvoll funktioniert, sollte er absolut spannungsfrei sein.

Nun befinden Sie sich also in der perfekten „startbereiten" Ansprechhaltung. Wenn Sie dabei ganz entspannt sind und sich im Gleichgewicht befinden, ist diese dynamische Haltung die ideale Ausgangsposition für den athletischen Schwung.

■ DIE AUSRICHTUNG ■

Da die Ausrichtung zum Ziel dem Spieler sehr viel Gefühl abverlangt, ist sie ein besonders schwieriges Kapitel. Ohne es zu merken, kann man sich völlig verkehrt ausrichten. Die Ausrichtung kann sich von Tag zu Tag, ja von Schlag zu Schlag verändern. Sie ist wirklich viel schwieriger als z. B. das Schießen mit einem Gewehr, weil man dabei das Ziel direkt im Visier hat. Wenn der Ball jedoch wie beim Golf seitlich liegt und Sie praktisch mit einem Auge aufs Ziel blicken müssen und mit dem anderen auf den Ball, ist das wirklich ein schwieriges Unterfangen. Sie blicken nicht direkt die Linie Ball–Ziel hinunter, sondern links von dieser Linie. Dadurch wird die Sicht verzerrt, was einer Ausrichtung square zur Linie zum Ziel noch größere Bedeutung verleiht.

Allgemein läßt sich sagen, daß man sich umso schlechter ausrichtet, je schlechter man schwingt. Ähnlich wie mit der Ballposition kompensiert man mit der Ausrichtung häufig einen mittelmäßigen Schwung. Ein Spieler, der z. B. zu stark von innen nach außen schwingt, spielt den Ball instinktiv von weiter hinten, um seine Schwungbahn anzugleichen – ein Fehler zieht also den nächsten nach sich.

Der einzige Weg zum richtigen Zielen führt über die Ausrichtung des Körpers um die Stellung der Schlagfläche herum. Daran müssen Sie arbeiten. Gehen Sie davon aus, daß die Führungskante der Schlagfläche im 90-Grad-Winkel zur Linie zum Ziel steht, und richten Sie alles andere danach aus. Ich empfehle Ihnen, Füße, Knie und Hüften parallel zur Linie zum Ziel auszurichten (dabei gehe ich von einem geraden Ball aus – ein absichtlicher Fade oder Draw bedarf gewisser Angleichungen). **Die Schultern hingegen sollten meiner Meinung nach ein**

*Füße, Knie und Hüften
sind parallel zur Linie
Schlagfläche–Ball–Ziel
ausgerichtet. Die Schultern
sind beim Ansprechen
jedoch leicht geöffnet, so
daß der rechte Arm etwas
höher ist als der linke.*

wenig geöffnet sein (nach links ausgerichtet), wobei der rechte Arm etwas höher ist als der linke. Für diese offene Schulterhaltung gibt es zwei Gründe: Erstens ist dies etwa die gleiche Haltung, die die Schultern auch im Treffmoment haben, wie Sie später noch sehen werden. Da die Schlagfläche nicht durch ein Überrollen der rechten Hand über die linke, sondern durch die Drehung des Körpers square zur Linie zum Ziel gestellt wird, sind die Schultern im Treffmoment geöffnet. Zweitens fördert diese Haltung, daß Schläger, Hände, Arme und Brust sich einheitlich vom Ball wegbewegen. Dieser Aspekt des Set-up sollte jedoch nicht übertrieben werden. Der rechte Arm darf niemals soweit über den linken geführt werden, daß Sie gezwungen sind, den Schläger allzu sehr auf einer Außenbahn zu schwingen. Achten Sie darauf, daß in der Seitenansicht nur der unterste Teil des linken Unterarms unter dem rechten Arm sichtbar ist.

Diese leicht geöffnete Schulterausrichtung steht in krassem Gegensatz zur Haltung, die viele Golfer beim Ansprechen einnehmen. Da sie sich so darauf konzentrieren, den Schläger auf einer Innenbahn an den Ball zu bringen, halten sie die rechte Schulter im Set-up viel tiefer als die linke. Das führt zu einer verkrampften Haltung im Treffmoment und zu unnötig starkem Handeinsatz.

Ein anderer Aspekt, den viele Golfer vernachlässigen, ist die korrekte Ausrichtung der Augen. Wenn die Linie der Augen nicht parallel zur Linie Ball–Ziel verläuft, bekommt man leicht eine verzerrte Sicht des Ziels, was wiederum dazu führt, daß der Schwung auf einer verkehrten Bahn einsetzt. **Achten Sie darauf, daß die Augen trotz des leicht nach rechts geneigten Kopfes parallel zur Linie zum Ziel ausgerichtet sind.**

Fassen wir zusammen: Richten Sie beim Ansprechen den Unterkörper, d. h. Füße, Knie und Hüften, parallel zur Linie Schlagfläche–Ball–Ziel aus. Die Schultern weichen von dieser Haltung geringfügig ab, d. h. sie zeigen etwas nach links vom Ziel. Obwohl der Kopf ein klein wenig nach rechts geneigt ist, müssen die Augen dennoch parallel zur Linie Ihres Unterkörpers, d. h. parallel zur Linie zum Ziel ausgerichtet sein.

Hier ein alter Trick, der in seiner Wirksamkeit bisher jedoch unübertroffen ist: Legen sie einen Schläger so auf die Erde, daß er vom Ball direkt zum Ziel zeigt (Seite 35). Legen sie dann einen zweiten parallel dazu jenseits des Balls und einen dritten entlang Ihren Zehenspitzen, wiederum parallel zu den beiden anderen. Wenn Sie den mittleren Schläger entfernen, bleiben die beiden anderen natürlich parallel zur Linie Ball–Ziel. Stellen Sie nun die Schlagfläche im rechten Winkel zur Linie zum Ziel an den Ball. Richten Sie den Unterkörper parallel zu dem Ihnen am nächsten liegenden Schläger aus. Egal, welchen Eindruck Ihnen Ihre Augen vermitteln – vertrauen Sie darauf, nun wirklich square ausgerichtet zu sein. Unterziehen Sie sich regelmäßig dieser Prozedur, um sicherzugehen, daß sie diesen wichtigen fundamentalen Aspekt nicht vernachlässigen.

*Die vollständige
Ansprechposition von vorne
und in der Seitenansicht.*

*Die vollständige Ansprechposition
von hinten und vom Ziel aus betrachtet.*

Sinn einer guten Vorbereitung ist es, eine Kettenreaktion richtiger Haltungen und Bewegungen im Schwung auszulösen. Wenn Sie bereits verkehrt starten, müssen Sie aufgrund der in Gang gesetzten Kettenreaktion den Schläger oder den Körper manipulieren, um wieder ins richtige Gleis zu kommen. Ich kann Ihnen also nur raten, Ihren Set-up immer und immer wieder zu überprüfen, denn er ist der Schlüssel zu einem erfolgreichen athletischen Schwung.

2

Die Körperdrehung oder der „pivot"

„DAS WESEN EINES JEDEN

ATHLETISCHEN SCHWUNGS

IST EINE KORREKTE DREHUNG

DES OBERKÖRPERS."

Die Körperdrehung

$\mathcal{D}$er nächste Schritt zum Aufbau eines athletischen Golfschwungs ist die richtige Drehung des Körpers. Nachdem wir um die im vorigen Kapitel beschriebenen Körperwinkel herum ein solides Fundament gebaut haben, kommen wir nun zur Bewegung, d. h. zur richtigen Drehung des Körpers. Ohne guten „pivot", d. h. Drehung des Körpers um die Achse des Rückgrats, können wir die Schwungbewegung des Körpers niemals völlig kontrollieren.

■ Was ist unter „pivot" zu verstehen? ■

Im Wörterbuch wird „pivot" als Drehpunkt oder als Bewegung um einen festen Punkt definiert. Das ist eine recht gute Beschreibung des athletischen Schwungs, nur daß, wie wir sehen werden, die Verlagerung des Gewichts von seiner ursprünglich statischen Position beim Ansprechen auf die rechte und zurück zur linken Seite um zwei Achsen anstatt um eine erfolgt. Aber darauf kommen wir später noch im einzelnen zu sprechen.

■ Was der „pivot" bewirkt ■

Bei der Drehung des Körpers wird dreierlei bewirkt:

(1) Ein spiralförmiges Aufdrehen und Strecken des Körpers wie bei einer Feder;
(2) eine Verlagerung des Körpergewichts von einer Seite auf die andere;
(3) eine konstante Geschwindigkeit.

Damit wäre alles Wesentliche zur Drehung gesagt. Eine klare Vorstellung davon, wie Ihr Körper agiert, wird Ihnen helfen, einen athletischen Schwung zu entwickeln.

Um das Drehmoment zu verstehen, brauchen Sie zunächst einmal keinen

Schläger. Dieser ist erst für einige der empfohlenen Übungen nötig. Im vorliegenden Kapitel wird nur die Bewegung Ihres Körpers analysiert – nicht mehr und nicht weniger, denn **Sie müssen wissen, wie Ihr Körper während des Schwungs agiert, bevor Sie lernen, welche Rolle Arme, Hände und Schläger spielen.** Ich habe sogar festgestellt, daß die meisten Golfer die Bedeutung einer richtigen Körperdrehung schneller begreifen, wenn der Schläger – und vielleicht noch wichtiger – der Ball zuerst einmal aus der Gleichung herausbleiben.

Nachfolgend ein Beispiel: Vor einigen Jahren gab ich einem ziemlich sportlichen Herrn mittleren Alters Golfunterricht. Sein Freund Fred begleitete ihn als Zuschauer. Mein Schüler hatte schon einige Jahre Golf gespielt, von mehreren Lehrern Unterricht erhalten und war bemüht, jeden Tip, den er je über den Schwung gelesen hatte, in die Praxis umzusetzen. Die Folge davon war, daß einige der Haltungen, die er sich angewöhnt hatte, einem Schlangenmenschen zur Ehre gereicht hätten. Wie Sie sich denken können, war sein Schwung nicht gerade der eleganteste.

Nach einer frustrierenden Stunde bat ich Fred, mir zu helfen. Zuerst wollte er nicht recht. Er hatte noch nie Golf gespielt, hatte keine Ahnung von dem Spiel oder seiner Technik und hatte es nur ein paarmal im Fernsehen beobachtet. „Genau richtig", rief ich. „Sie sind genau das, was ich brauche". Nachdem ich Fred in eine gute Ansprechposition versetzt hatte (was er ganz rasch lernte), konnte ich ihm begreiflich machen, wie sich sein Körper zu bewegen hatte. Ich erklärte ihm, wie sein Oberkörper im Verhältnis zum Unterkörper agiert, warum die Aufrechterhaltung der ursprünglichen Körperwinkel so wichtig ist, daß der athletische Schwung eine Kombination von Widerstand und Freisetzung von Kraft ist und wie sich sein Gewicht von einer Seite auf die andere verlagert. Innerhalb ganz kurzer Zeit konnte dieser von jeder Theorie unbelastete Mann eine gutaussehende Bewegung vollführen.

Sinn dieses Experiments war es, meinem immer ungläubiger dreinschauenden Schüler vor Augen zu führen, daß seine Schläge nie ein sich ständig wiederholendes Flugschema aufweisen würden, solange er keine klare Vorstellung von den Bewegungen seines Körpers während des Schwungs habe.

Junge Menschen, die schon sehr früh zu spielen beginnen, lernen durch Nachahmung. Wenn man ihnen die Möglichkeit gibt, wirklich gute athletische Schwünge zu beobachten, werden auch ihre eigenen Körperbewegungen mit großer Wahrscheinlichkeit ziemlich athletisch sein. Ich behaupte jedoch, daß die meisten Golfer niemals völlig verstehen, was eine korrekte Körperdrehung ausmacht. Folglich vollführen sie ihr ganzes Leben einen Schwung, der ständiger Korrekturen bedarf, und verschwenden keinen Gedanken an dessen eigentliche Funktion.

Aber zurück zu Fred. Würde er die Haltung und Bewegung trainieren, die ich

43

ihm beigebracht habe, könnte er, sobald beides automatisiert ist, einen Griff erlernen, dann eine gute Arm- und Handbewegung hinzufügen und sich gleichzeitig die Schwungbahn vorstellen, die der Schläger beschreibt. Mit anderen Worten, Fred würde einen athletischen Schwung entwickeln, der auf den Prinzipien einer korrekten Haltung und einer klaren Vorstellung seiner Körperbewegungen basiert.

━ ZENTRIFUGALKRAFT ━

𝒲ir kommen nun zu einer kleinen Physikstunde. Wenn Golflehrer von heute den Schwung erklären, gebrauchen sie immer häufiger den Begriff „Zentrifugalkraft". Aber ich bin überzeugt, daß nur wenige Spieler wissen, was er im Zusammenhang mit Golf wirklich bedeutet.

Es ist eine Kraft, die von ihrem Schwungzentrum nach außen wirkt. Sie wird vom Körper über die Arme und Hände nach außen getragen und bewirkt eine Hebelkraft, die Weite des Schwungbogens sowie die Trägheitskraft des Schlägerkopfes. Diese drei Kräfte wiederum bewirken die Schlägerkopfgeschwindigkeit und halten den Schläger auf einer stetigen Umlaufbahn bzw. einem stetigen Bogen.

Wie zähmen wir diese wichtige Kraft, die die Schwünge aller guten Golfer auszeichnet? Ganz einfach. **Das wirksame Auf- und Abdrehen Ihres Körpers bewirkt eine Maximierung der Zentrifugalkraft.** Stellen Sie sich einmal folgendes vor: Sie befestigen am Ende einer Schnur ein Gewicht und drehen das Handgelenk gegen den Uhrzeigersinn. Solange der Arm ruhig bleibt, kreist das Gewicht auf einer stetigen Umlaufbahn. Je schneller Sie die Handgelenke drehen, desto schneller kreist das Gewicht, wobei die Geschwindigkeit des Gewichts stets höher ist als die des Handgelenks. Dafür sorgt die Zentrifugalkraft.

Die Zentrifugalkraft hält ein kreisendes Gewicht auf einer konstanten Umlaufbahn.

Diese Zentrifugalkraft oder die Zugkraft der Schnur nach außen wird durch die Bewegung des Handgelenks aufrechterhalten. Dadurch bleibt das Gewicht auf seiner Umlaufbahn. Sobald Ihr Handgelenk seine ursprüngliche Position verändert, verläßt auch das Gewicht seine Umlaufbahn. Ihr Golfschwung funktioniert sehr ähnlich. Wenn sich der Körper nicht-korrekt bewegt, schwingt der Schläger nicht auf der richtigen Ebene oder Umlaufbahn. Er verliert auch an Geschwindigkeit, was für die Schläge wiederum einen Verlust an Weite und Richtung zur Folge hat.

Das Verhältnis zwischen Körper und Schläger während des Golfschwungs ist sehr ähnlich dem zweier Eiskunstläufer beim Paarlauf. Sie kennen diese Bilder aus dem Fernsehen: Der männliche Partner (er entspricht dem Körper im Golfschwung) ist die Nabe, um die seine Partnerin rotiert. Er dreht sich ganz langsam, während seine Partnerin (sie entspricht dem Schlägerkopf) sich mit beachtlicher Geschwindigkeit dreht. Dies ist ein wunderbares Beispiel dafür, wie Zentrifugalkraft um eine sich relativ langsam bewegende Achse erzeugt und auf ein anderes, viel schnelleres Objekt übertragen wird.

Bei einem Eiskunstläuferpaar dreht sich der Mann langsam, während sich seine Partnerin infolge der erzeugten Zentrifugalkraft viel schneller um ihn dreht.

Ihr Golfschwung geht von der Ansprechhaltung aus, in der der Schläger noch völlig statisch ist. Im Richtungswechsel steigert er seine Geschwindigkeit, und diese gipfelt in einer peitschenschlagähnlichen Bewegung durch den Ball hindurch. Diese Beschleunigung wird durch die Drehbewegung des Körpers erzeugt – die Kraftzentrale oder der Maschinenraum eines jeden athletischen Schwungs. Auf diese Weise wird die Zentrifugalkraft maximiert. Durch die Bewegung des Körpers wird Kraft erzeugt, die durch die Arme und Hände in den Schlägerkopf strömt. Der Eindruck, daß die Kraft Ihres Golfschwungs von der Bewegung Ihrer

45

Bei jedem athletischen Schwung, wie z. B. dem Werfen einer Diskusscheibe, muß man Kraft durch das Aufdrehen des Körpers erzeugen.

Hände und Arme herrührt, ist falsch. Genau wie ein Diskuswerfer, der seinen Körper wie eine Feder aufdreht und dabei Kraft erzeugt, benutzen Sie Ihre Hände und Arme nur als Übermittler der Kraft, die vom Körper erzeugt wurde.

Das heißt aber nicht, daß Ihre Hände und Arme beim Golfschwung keine Rolle spielen. Natürlich haben Sie eine Funktion. Selbst die beste Drehbewegung könnte die Schlägerkopfgeschwindigkeit nicht alleine erzeugen. Aber es gibt ganz eindeutig eine Kette von Befehlen – Hände und Arme müssen auf die Bewegung des Körpers reagieren und sie nicht dominieren.

Sie müssen sich darüber im klaren sein, daß die Maximierung der Zentrifugalkraft im Schlägerkopf eine gute körperliche Konstitution erfordert. Deshalb ist es auch so schwer, mit Rückenproblemen gut Golf zu spielen. Ein Mangel an Beweglichkeit oder Flexibilität im Rücken beeinträchtigt die Drehung des Rückgrats und unterbindet die Übermittlung der Kraft an Arme, Hände und Schläger. Wenn Hände und Arme die Aufgabe, den Schlägerkopf zu schwingen, gezwungenermaßen übernehmen, sind sie weniger effektiv.

Die Bedeutung der Körperdrehung wird recht gut durch folgende kleine Übung offenbar. Setzen Sie sich auf einen Stuhl, heben die Füße vom Boden und versuchen Sie, einen Ball zu schlagen. Sie werden sehen, daß es fast unmöglich ist, ihn über eine nennenswerte Strecke zu befördern, da die einzige Kraftquelle der Schwung der Arme ist. Also noch einmal: **Die Kraftzentrale eines jeden Golfschwungs ist die Drehung des Körpers – der „pivot".**

Beim Trainieren der Körperdrehung müssen Sie darauf achten, daß Sie sich nicht nur um eine einzige feststehende Achse drehen, nämlich Ihren Kopf. Stellen Sie sich als Achsen vielmehr eine Linie von der Innenseite der Schultern durch das rechte Hüftgelenk und vorbei an der Innenseite der rechten Oberschenkels bis zum Boden vor und danach eine gleiche Linie auf der linken Seite Ihres Körpers.

46

*Die Drehung beim
athletischen Schwung
erfolgt nicht nur um eine,
sondern um zwei Achsen.*

*Bei der Drehung um
jede Achse erfolgt eine
Gewichtsverlagerung.*

Um diese beiden Achsen dreht sich jeder athletische Spieler beim Rückschwung und Abschwung.

Wenn Sie sich um die rechte Achse drehen, fördert die linke das, was ich eine „drehende Gewichtsverlagerung" in beide Richtungen nenne. Das Körpergewicht verlagert sich, ausgehend von einer mehr oder minder gleichmäßigen Verteilung beim Ansprechen, im Rückschwung auf die rechte Ferse und im Abschwung auf die linke. Es ist ganz normal, daß sich dabei der Kopf, vor allem während der Drehung im Rückschwung, etwas zur Seite bewegt. Er **soll** sich frei drehen können.

Wenn Sie den Kopf mit Gewalt ruhig halten, schränken Sie nur die Drehung des Körpers um die beiden Achsen ein.

Eine falsche Drehung um die beiden Achsen kann zum sogenannten „reverse pivot" führen, bei dem sich das Gewicht im Rückschwung nicht um die rechte Achse herum nach rechts verlagert, sondern auf der linken Seite bleibt. Beim Abschwung wiederum verlagert es sich auf die rechte anstatt auf die linke Seite. Wird

Von „reverse pivot", d. h. einer Drehung mit verkehrter Gewichtsverlagerung spricht man, wenn das Gewicht im Rückschwung auf der linken Seite bleibt und stattdessen im Abschwung nach rechts verlagert wird.

die Fähigkeit des Körpers zur korrekten Kontrolle von Händen und Armen allzu sehr eingegrenzt, dann werden alle möglichen schlechten Schläge produziert.

Obwohl die Drehung eine fließende Bewegung ohne Pausen ist, werde ich sie um des besseren Verständnisses willen in drei Phasen aufteilen:

(1) In den Rückschwung oder die Drehung nach rechts;
(2) in den Übergang vom Rückschwung zum Abschwung im höchsten Punkt;
(3) in den Abschwung oder die Drehung nach links.

Auf diese Weise lernt man meiner Ansicht nach die vollständige Drehbewegung am besten verstehen.

— DER RÜCKSCHWUNG —

*N*ehmen Sie vor einem Spiegel ihre Ansprechhaltung ein, und lassen Sie dann den Schläger auf den Boden fallen. Behalten Sie die Körperwinkel jedoch bei (besonders die Neigung der Schultern – die linke höher als die rechte), legen Sie die rechte Hand auf die linke Schulter und die linke Hand auf die rechte Schulter. Damit haben Sie die richtige Haltung für die „Kreuzübung", die Ihnen das Gefühl für eine korrekte Drehung vermitteln wird.

Der Ausgangspunkt für die Drehung ist der Nabel. Drehen Sie ihn langsam nach rechts, und verlagern Sie im Gleichklang mit dieser Drehung das Gewicht auf die rechte Ferse. Damit geht vor der Drehung eine kaum merkliche Seitwärtsbewegung der Hüften einher. Nun wird eine Kettenreaktion ausgelöst. Die Hüften und Schultern beginnen sich zu drehen, und die linke Schulter schiebt sich

Links: *Mit der Kreuzübung erhalten Sie ein Gefühl für die richtige Drehung des Körpers.*
Rechts: *Das rechte Knie muß während des Rückschwungs gebeugt bleiben. Es dient als Widerstand gegen die Drehung des Körpers.*

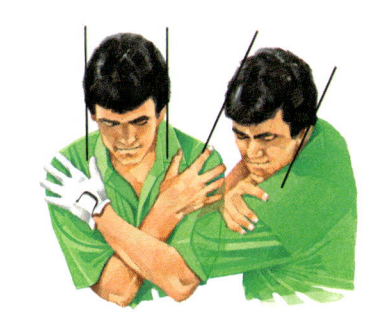

Eine leichte Kopfdrehung fördert die Drehung des Körpers.

nach unten und quer nach vorne, damit die Schulterdrehung auch wirklich im rechten Winkel zur Achse des Rückgrats erfolgt.

Es ist jedoch nicht jeder Teil Ihres Körpers in Bewegung. Der Unterkörper muß einen gewissen Widerstand leisten, damit sich der Oberkörper möglichst weit aufdrehen kann. Dieser Widerstand hat im wesentlichen seinen Ursprung im rechten Knie. Damit wären wir bei einem weiteren Schlüsselaspekt eines jeden dynamischen Schwungs: **Das rechte Knie muß gebeugt bleiben.** Sie sollten das Gefühl haben, als würden Sie darauf „sitzen".

Mit zunehmender Drehung der Hüften und Schultern um die rechte Achse werden Drehmoment (Torsion) und Spannung erhöht. Sie sollten nun in der linken Seite des Rückens ein zunehmendes Spannungsgefühl verspüren. Das linke Knie ist leicht nach innen gedreht, und linke Hüfte und Schulter bewegen sich im Gleichklang mit der rechten Hüfte und Schulter. Die Schultern drehen sich frei um den Kopf, senkrecht zum Rückgrat. Wie ich schon sagte: **Versuchen Sie nicht, den Kopf absolut ruhig zu halten.** Kopf und Hals dürfen sich vielmehr im Zuge der Körperdrehung leicht nach rechts drehen.

Sie haben den höchsten Punkt des Rückschwungs erreicht, wenn folgende fünf Kriterien erfüllt sind:

(1) Der Brustkorb hat sich bis übers rechte Bein gedreht;
(2) die linke Schulter befindet sich unter dem Kinn;
(3) die oberen Rückenmuskeln sind gestreckt, und der ganze Rücken ist in Richtung Ziel gerichtet;
(4) die Muskeln im rechten Oberschenkel sind als Folge des vom rechten Knie geleisteten Widerstandes gespannt;
(5) das linke Knie zeigt hinter den imaginären Ball, wobei zwischen beiden Knien eine ziemlich große Lücke entstanden ist.

Oben: *Die Vollendung der Körperdrehung nach rechts aus drei verschiedenen Blickwinkeln.*

WICHTIGE PUNKTE, DIE BEI DER DREHUNG DES RÜCKSCHWUNGS ZU BEACHTEN SIND

- Der beim Ansprechen gebildete Winkel des Rückgrats wird aufrechterhalten, d. h. der Oberkörper wird weder angehoben noch gesenkt.
- Die Schulterdrehung verläuft senkrecht zum Rückgrat, und die Hüften scheinen sich auf einer ziemlich geraden Ebene zu drehen (Sie haben jedoch das Gefühl, als sei die linke Hüfte „höher").
- Ihre Schultern drehen sich um mindestens 90 Grad, die Hüften um etwa 45 Grad.
- Eine senkrechte Linie von der linken Hüfte nach oben zeigt, daß die Schulter sich hinter dieser Linie kräftig gedreht hat.
- Eine senkrechte Linie von der linken Hüfte nach unten endet an der Innenseite des linken Fußes.
- Der größte Teil des Körpergewichts ruht vor dem Richtungswechsel auf der rechten Seite.
- Das linke Knie befindet sich hinter einer Linie, die parallel zur Linie zum Ziel entlang Ihren Zehenspitzen gezogen wird.
- Um die Körperdrehung zu unterstützen, dreht sich das rechte Knie – obgleich gebeugt – leicht nach außen. Wenn es z. B. beim Ansprechen auf einer imaginären Uhr direkt auf 12 Uhr zeigt, dann ist es bei Vollendung der Körperdrehung auf 1 Uhr vorgerückt.

Unten links und rechts
(a) *Der beim Ansprechen gebildete Winkel des Rückgrats muß während des Rückschwungs beibehalten werden.*
(b) *Drehen Sie die Schultern im 90-Grad-Winkel zum Rückgrat.*
(c) *Drehen Sie die Schultern um mindestens 90 Grad, die Hüften um etwa 45 Grad.*
(d) *Die linke Schulter dreht sich hinter eine Linie, die von der linken Hüfte nach oben gezogen wird.*
(e) *Eine Linie von der linken Hüfte nach unten endet direkt innerhalb des linken Fußes.*
(f) *Im höchsten Punkt ruht der größte Teil des Körpergewichts auf der rechten Seite.*
(g) *Das linke Knie befindet sich hinter einer entlang Ihren Zehenspitzen gezogenen Linie.*
(h) *Obwohl das rechte Knie gebeugt bleibt, dreht es sich leicht bis es die 1-Uhr-Position erreicht.*

Dieser letzte Punkt wirft die Frage auf, wie weit man den linken Absatz vom Boden abheben sollte? Nun, das hängt von Ihrer Flexibilität ab. Je beweglicher Sie sind, desto leichter können Sie die linke Ferse am Boden lassen. Halten Sie sich am besten an folgende Faustregel: Solange sich die linke Ferse nur als Folge der Körperdrehung vom Boden hebt, ist es unwichtig, wie weit sie abhebt.

Zu Anfang werden Sie das Aufdrehen des Körpers aufgrund der Muskelstreckung wahrscheinlich als anstrengend empfinden, aber das legt sich im Lauf des Trainings. Obwohl Torsion erzeugt wird, ist Spannung zu vermeiden. **Halten Sie den Körper so entspannt wie möglich.**

Trainieren Sie die Drehung zum Rückschwung am besten vor einem Spiegel. Beginnen Sie ganz langsam, damit Sie jeden Körperteil spüren und erkennen, welche Rolle er im Rückschwung übernimmt. Wiederholen Sie die Übung so oft, bis der Rückschwung zu einer instinktiven anstatt einer erlernten Bewegung wird.

▬ DER RICHTUNGSWECHSEL ▬

𝒟as wahrhaft kritischste Stadium des athletischen Schwungs ist der Richtungswechsel, wenn Schläger und Körper zum Abschwung in Richtung Ziel ansetzen. Es ist sehr wichtig, daß Rückschwung und Abschwung in einer fließenden und dynamischen Bewegung erfolgen. Wie oft sieht man jemanden mit einem schönen, glatten Rückschwung einen schlechten Schlag produzieren, weil er den Schläger vom höchsten Punkt aus zu hastig zum Ball hinunterschwingt. Der Übergang zum Abschwung sollte weich und gemächlich erfolgen.

Für den Bruchteil einer Sekunde bewegt sich der Körper in zwei Richtungen gleichzeitig. Während der Oberkörper seine Drehung weg vom Ziel vollendet, beginnt sich der Unterkörper bereits in Richtung Ziel abzudrehen. Diese wichtige Bewegung, die man besonders gut bei Spielern mit großer Weite beobachten kann, erzeugt ein zusätzliches Drehmoment und eine zusätzliche Hebelwirkung.

Ein fließender Richtungswechsel vom Rückschwung zum Abschwung hängt von der Bewegung des Unterkörpers, besonders der Beine ab. Sie sind die Stabilisatoren im athletischen Golfschwung und sorgen für Gleichgewicht und Halt, während sich der Oberkörper auf- und wieder abdreht.

Während der Oberkörper seine Aufwärtsdrehung vollendet, wird der Schwung in Richtung Ziel durch eine Bewegung des linken Knies in Gang gesetzt. Es bewegt sich auf einer Diagonalen in Richtung der linken Fußspitze. Gleichzeitig leistet das rechte Knie Widerstand. Schieben Sie die Beine nicht zum Ziel hin. Das linke Knie bewegt sich nicht über seine ursprüngliche Ausgangsposition hinaus. Durch dieses Auseinanderspreizen der Knie sehen Sie aus, als würden Sie

Oben: *Beim Übergang vom Rückschwung zum Abschwung spreizen sich die beiden Knie auseinander, so daß es aussieht, als wollten Sie sich niedersetzen.*
Links: *Beim Richtungswechsel bewegt sich der Körper kurzfristig in zwei Richtungen gleichzeitig. Während der Oberkörper den Rückschwung vollendet, setzt der Unterkörper bereits zum Abschwung an.*

„hocken". Um den Richtungswechsel besonders dynamisch zu gestalten, sollte die von rechter Hüfte und Gesäß gefolgte Körperdrehung im Uhrzeigersinn noch ein klein wenig fortgesetzt werden, während das linke Knie sich nach vorne schiebt und vom rechten trennt.

Auch zu diesem Zeitpunkt befindet sich das Körpergewicht noch weitgehend auf dem rechten Bein. Der rechte Absatz steht flach auf dem Boden, und der Oberkörper ist voll aufgedreht. Auch die großen Muskeln im oberen Rückenbereich sind voll gestreckt. Dadurch wird nicht nur das Drehmoment des Schwungs erhöht, sondern – wie Sie sehen werden – auch die Kontrolle des Schlägers beim Richtungswechsel beeinflußt und damit wiederum die Ebene festgelegt, auf der der Schläger zum Ball abschwingt.

Diese Bewegung ist fester Bestandteil eines jeden athletischen Schwungs, und sie bedarf eines gründlichen Trainings, um das richtige Gespür und Gefühl dafür zu entwickeln. Hier zwei Übungen, die Ihnen dabei nützlich sein werden.

---

1. Obwohl die „Kreuzübung", die ich für den Rückschwung empfahl, sich auch für das Training des Richtungswechsels eignet, wird die Bedeutung des Drehmoments noch klarer, wenn Sie sich einen Schläger über die Schultern legen, anstatt die Hände kreuzweise auf die Schultern zu legen. Vollführen Sie einen

Simulieren Sie das Gefühl des Richtungswechsels, indem Sie sich einen Schläger über die Schultern legen und den Körper wie im Rückschwung aufdrehen. Sie werden einen Druck quer über dem Rücken verspüren, während sich die Beine in die „Übergangsposition" begeben.

Rückschwung. Während Sie den Rücken zum Ziel drehen, begibt sich der Unterkörper in die „Übergangsposition". Der Schaft übt verstärkten Druck und Widerstand gegen den Rücken aus. Die Knie, Hüften und Schultern zeigen in diesem Stadium nach rechts vom Ziel.

Beginnen Sie diese Übung ganz langsam. Ein paar Wiederholungen sind anfänglich genug. Gehen Sie Schritt für Schritt vor. Schon in kurzer Zeit werden Sie ein Gefühl für Kraft und Gleichgewicht entwickeln, während Sie vom höchsten Punkt aus zum Abschwung ansetzen.

2. Nehmen Sie Ihre Ansprechhaltung ein. Fassen Sie den Schlägerkopf eines Schlägers mit der rechten Hand, und legen Sie ihn über den rechten Oberschenkel. Schieben Sie ihn nun diagonal nach unten durch den Schritt, bis sich der Griff unter der linken Kniekehle befindet. Vollführen Sie nun eine normale Drehung mit der rechten Seite des Körpers. Während Druck auf Ihren Oberschenkel ausgeübt wird, bleibt das rechte Knie gebeugt, und das linke „trennt" sich vom rechten.

Verharren Sie einige Sekunden in dieser Haltung. Das Gefühl, das Sie verspüren, wird Ihnen ein besseres Verständnis von der Stabilisierungsfunktion der Beine bei der Einleitung des Abschwungs vermitteln.

Die Funktion der Beine beim Richtungswechsel wird besser verständlich, wenn Sie sich einen Schläger über den rechten Oberschenkel legen und ihn schräg nach unten in die linke Kniekehle schieben. Während sich das linke Knie bewegt, spüren Sie den Druck im Oberschenkel. Das rechte Knie bleibt gebeugt und leistet Widerstand.

▬ DER ABSCHWUNG ▬

*B*eim Abschwung wird das bis zu diesem Zeitpunkt aufgebaute und zurückgehaltene Drehmoment freigesetzt. Dies wird am ehesten dadurch erreicht, daß der Körper nach dem Richtungswechsel sich zuerst ein klein wenig seitlich bewegt, um sich um die linke Achse drehen zu können.

Konzentrieren Sie sich auf den mittleren Körperbereich vom Brustbein bis zum Schritt. Während die Beine als Widerstand und Halt dienen, muß der mittlere Körperbereich (wie beim Diskuswerfer) alle Energie freisetzen und sie in eine möglichst große Schlägerkopfgeschwindigkeit übertragen.

Aber damit sind wir schon einen Schritt zu weit.

Gleich nach dem Richtungswechsel schiebt sich die linke Schulter weg vom Kinn, so daß der Körper sich ein paar Zentimeter seitlich zur linken Achse hin bewegen kann. Nach Erreichen dieser Position sollten Sie sich nur noch darauf konzentrieren, den Körper in Richtung Ziel zu drehen – der Abschwung könnte demzufolge als „seitliche Drehung" bezeichnet werden.

Was die Schultern betrifft, so ist es nicht so, daß die rechte Schulter sich sofort senkt und die linke sich hebt. In Wirklichkeit **bewegen sich die Schultern zuerst**

Durch die Drehung seines Körpers setzt der Diskuswerfer seine ganze aufgestaute Energie frei.

auf einer ziemlich geraden Ebene, bevor die rechte Schulter sich deutlich senkt und die linke sich hebt und dreht. Wenn die rechte Schulter zu schnell abfällt, können Sie sich nicht zur linken Achse hin drehen.

Das linke Bein wird nun merklich stabiler, da es dem Körper Halt bietet, während er sich um die linke Achse abdreht (achten Sie während der Drehung im Abschwung auf einen gleichbleibenden Rückgrat-Winkel). Diese Drehung des Körpers dauert solange an, bis die Hüften sich vollständig gedreht haben, die Brust zum Ziel gerichtet ist und die rechte Schulter näher dem Ziel zugewendet ist als die linke. Damit ist die Drehung um die linke Achse abgeschlossen. Das Gewicht hat sich im Gleichklang mit der Körperdrehung auf die linke Seite verlagert, so daß Sie hauptsächlich Druck im linken Absatz verspüren. Im Finish stehen Sie ziemlich aufrecht, das Rückgrat ist leicht gebeugt. Der Kopf ist ein wenig geneigt, und die rechte Schulter ist niedriger als die linke.

Links: *Zu Beginn des Abschwungs bewegen sich die Schultern zunächst auf einer ziemlich geraden Ebene, bevor sich die rechte Schulter senkt und die linke hebt und dreht.*
Rechts: *Die Haltung im Finish des athletischen Schwungs; die rechte Schulter ist niedriger als die linke.*

Dieser ganze Prozeß ist hauptsächlich eine Frage der richtigen Reihenfolge. Was die Bewegungsfolge normalerweise stört, ist ein übermäßiger Beineinsatz. Viele Spieler bewegen sich entweder zu stark zur Seite oder drehen den Körper zu schnell aus dem Weg. Um beide Fehler zu vermeiden, sollte man sich darauf konzentrieren, den rechten Absatz solange am Boden zu halten, bis er durch das Zurückschnellen des Körpers hochgezogen wird.

Vermeiden Sie, daß die Beine sich zu weit zur Seite schieben, indem Sie sich auf den rechten Absatz konzentrieren und ihn solange am Boden halten, bis er durch die Drehung des Körpers im Abschwung hochgezogen wird.

WICHTIGE PUNKTE, DIE BEIM ABSCHWUNG ZU BEACHTEN SIND

- Nachdem sich die linke Schulter vom Kinn fortbewegt hat, drehen sich beide Schultern im gleichen Neigungswinkel wie beim Rückschwung.
- Währen sich der Körper in Richtung Ziel dreht, neigt sich der Kopf in entgegengesetzter Richtung. Dadurch wird der Winkel des Rückgrats beibehalten und die rechte Schulter unter das Kinn gedreht.
- Während sich der Körper im Abschwung in Richtung Ziel dreht, wird das rechte Knie nach innen gezogen. Es bleibt dabei aber hinter einer entlang Ihren Zehenspitzen gezogenen Linie und bewegt sich nicht zum Ball hin.
- Der Winkel des Rückgrats wird bis über den imaginären Treffmoment hinaus beibehalten. Er ändert sich erst gegen Ende des Schwungs, um den Druck vom Rücken zu nehmen.
- Bei Vollendung des Schwungs haben sich fünf Dinge abgespielt:
  - (a) der rechte Fuß ist, obwohl auf die Zehenspitzen gestellt, leicht nach innen gerichtet;
  - (b) das rechte Knie befindet sich direkt hinter dem linken;
  - (c) die Hüften zeigen nach links vom Ziel;
  - (d) die rechte Schulter ist dem Ziel näher als die linke;
  - (e) der Kopf befindet sich etwas weiter vorne, als es beim Ansprechen der Fall war.

Da die Beine guter Spieler die Tendenz haben, den Oberkörper zu überholen, muß besonders das Gefühl dafür entwickelt werden, daß **der Oberkörper den Unterkörper zum Ziel hin öffnet.** Dies ist sicherlich das Gegenteil dessen, was Sie bisher über den Schwung gelesen haben, daß nämlich der Unterkörper immer die Arme und den Schläger durch den Ball zum Ziel zieht. Aber haben Sie keine Angst. Solange Sie einen guten Richtungswechsel vollführen, werden die Beine für eine Stabilisierung des Körpers während des Abschwungs sorgen. Dieses Gefühl der Stabilisierung ermöglicht es Ihnen, sich während der kritischen Phase des Schwungs im Treffmoment vollkommen im Gleichgewicht zu befinden.

(a) *Die sich anfänglich auf einer geraden Ebene bewegenden Schultern drehen sich im gleichen Neigungswinkel wie beim Rückschwung;*
(b) *durch ein leichtes Neigen des Kopfes weg vom Ziel können Sie den Winkel des Rückgrats leichter beibehalten und die rechte Schulter unter das Kinn drehen;*
(c) *der Winkel des Rückgrats wird bis über den Treffmoment hinaus beibehalten;*
(d) *das rechte Knie dreht sich nach innen. Es kreuzt jedoch nie eine den Fußspitzen entlang gezogene Linie;*
(e) *Der Körper nach Vollendung des Schwungs.*

Um im Gleichgewicht zu bleiben, sollten Sie einige Sekunden im Finish verharren.

Sobald Sie Verständnis und Gefühl für die drei Aspekte der Körperdrehung – Rückschwung, Richtungswechsel und Abschwung – entwickelt haben, müssen Sie darangehen, alle drei von Anfang bis Ende in eine einzige fließende Bewegung einzubinden. Diese Bewegung läßt sich am besten so beschreiben:

1. Der Schwung ähnelt in seinem Ablauf einer Acht. Beim Rückschwung dreht sich die rechte Hüfte nach hinten, im Richtungswechsel bewegen sich beide Hüften diagonal nach rechts vom Ziel, und schließlich vervollständigt im Abschwung die linke Hüfte die Acht, indem sie sich ihrerseits nach hinten aus dem Weg dreht.

2. Stellen Sie sich vor, Sie stünden in einem Faß. Sie rechte Hüfte ist etwa fünf Zentimeter, die linke etwa 15 Zentimeter vom Faßrand entfernt. Damit haben Sie genug Platz für die kleine, seitliche Bewegung im Rückschwung vor der Drehung des Körpers und für die entsprechende diagonale Bewegung nach vorne während des Richtungswechsels, bevor sich der Körper im Abschwung wieder zurück zum Ball dreht.

Stellen Sie sich vor, Sie würden bei der Drehung des Körpers mit den Hüften eine Acht beschreiben.

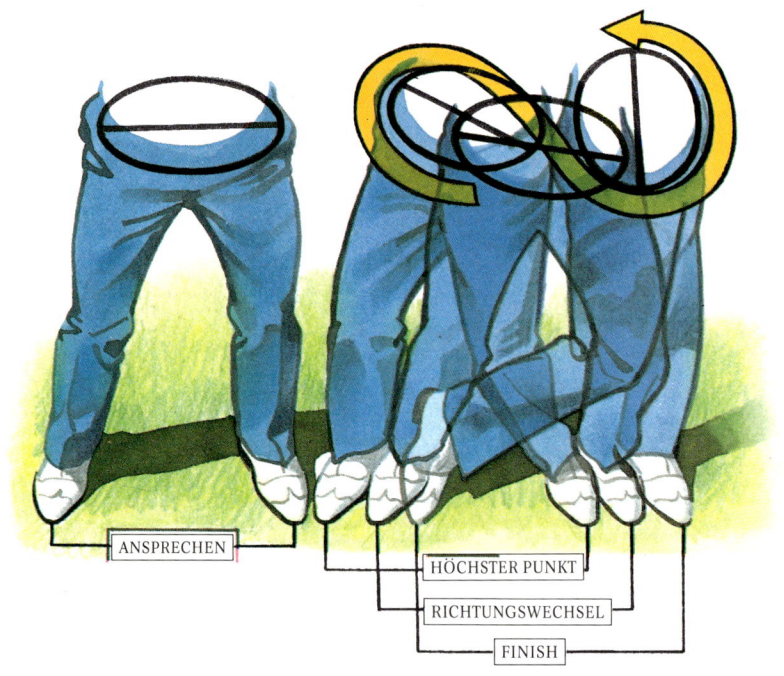

ANSPRECHEN

HÖCHSTER PUNKT

RICHTUNGSWECHSEL

FINISH

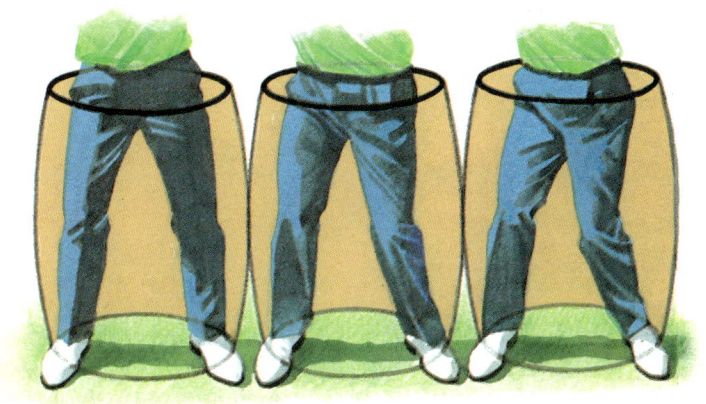

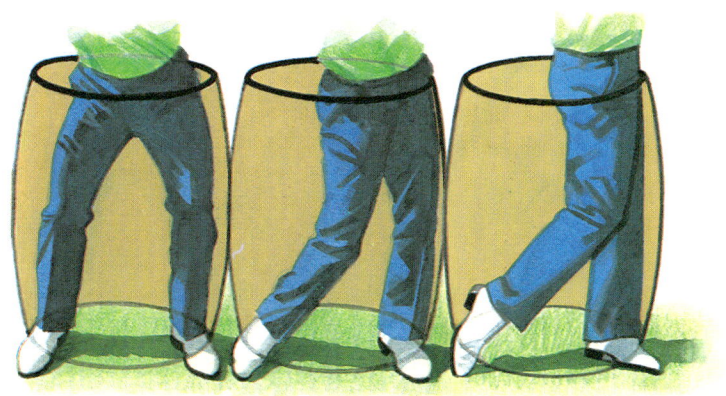

Stellen Sie sich vor, Sie würden die Drehung Ihres Körpers in einem Faß vollführen.

Trotz der vielen Informationen in diesem Kapitel werden Sie bei regelmäßigem Training schnell ein Gefühl für die durch das Drehmoment aufgebaute, zurückgehaltene und freigesetzte Kraft entwickeln. Wechseln Sie zwischen der „Kreuzübung" und der zweiten Übung mit dem Schläger über den Schultern ab. Beide werden Ihnen bald ein Gefühl für die richtige Drehung vermitteln.

63

Die vollständige Drehung des Körpers mit besonderem Gewicht auf dem mittleren Körperbereich – von vorne und von der Seite betrachtet.

3

Die Schwung-positionen

„EIN GUTER SCHWUNG

IST EINE KETTENREAKTION

GUTER POSITIONEN."

Die Schwung-
positionen

$\mathcal{U}$m einen athletischen Schwung zu entwickeln und zu automatisieren, muß man verstehen, wo sich der Schläger im Verhältnis zur Drehung des Körpers befindet. In diesem Kapitel, das ich Ihnen hauptsächlich zum Nachschlagen empfehle, werde ich den Schwung in seine einzelnen Phasen aufgliedern.

Diese Phasen dienen als fester Rahmen für den athletischen Schwung. Wenn Sie sich jeder einzelnen Phase bewußt sind, werden Sie besser verstehen, wo Sie sich während des Schwungs befinden sollten. Das wiederum ermöglicht es Ihnen, schneller die Ursachen für etwaige Mängel in Ihrem Schwung herauszufinden.

Achten Sie jedoch darauf, daß diese Phasen *in den Bewegungsablauf eingegliedert bleiben*. Sie stellen nur einzelne Referenzpunkte auf der Bahn dar, der Ihr Schwung folgt, und vermitteln Ihnen ein klares Bild von der Rolle, die Arme, Handgelenke und Schläger spielen – sie sind *kein* Replay des athletischen Schwungs selbst. Wenn sich der Körper korrekt dreht, agieren Arme, Handgelenke und Schläger im Gleichklang mit dem Körper. Jede selbständige Bewegung, die nicht direkt mit der Drehung verbunden ist, kann rasch zum Zusammenbruch des ganzen dynamischen Bewegungsablaufs führen.

Ich habe den athletischen Schwung in elf Phasen aufgeschlüsselt, wobei jede immer nur so gut wie die vorhergehende sein kann. Wenn Sie ein Problem haben und Ihre Schwungbewegung analysieren, müsssen Sie sich über den Unterschied von Ursache und Wirkung im klaren sein. Immer, wenn ich im Schwung eines Schülers einen Fehler feststelle, verfolge ich ihn bis zum Ansprechen zurück und versuche, die Ursache des Problems zu entdecken. Ein Fehler in einem frühen Stadium wirkt sich nachteilig auf alle späteren Phasen aus.

Es ist sehr wichtig, die frühen Phasen des Schwungs zu verstehen. Man kann diese frühen Stadien mit dem Kopf unter Kontrolle bringen, aber im späteren Verlauf wird der Schwung aufgrund der Geschwindigkeit der Bewegung zunehmend reaktiv und instinktiv. Wenn Sie die ersten Phasen im Zusammenspiel mit der

Drehung richtig ausführen, ist der Rest des Schwungs nur noch eine Kettenreaktion. Um jedoch eine richtige Vorstellung vom Gesamtbild des Schwungs zu bekommen, muß man erst einmal begreifen, was sich in jeder einzelnen Phase ab-
spielt.

Mit diesem Kapitel möchte ich dreierlei erreichen: Erstens sollen Sie die
Funktion von Handgelenken und Armen verstehen lernen. (Ich sage lieber Handgelenke statt Hände, denn das richtige Abwinkeln ist ein wesentlicher Teil des
athletischen Schwungs). Zweitens möchte ich Ihnen erklären, auf welcher Ebene
und Schwungbahn der Schläger schwingt, und drittens will ich Ihnen aufzeigen,
welche Stellung und Neigung die Schlagfläche während des Schwungs hat. (Um
die einzelnen Stadien richtig zu verdeutlichen, komme ich noch einmal auf einige
der im letzten Kapitel beschriebenen wichtigsten Körperhaltungen zurück, soweit dies zum besseren Verständnis wichtig ist).

Machen Sie jedoch nicht den Fehler, diese elf Phasen auf den Platz mit hinaus-
zunehmen. Es ist unmöglich, an alle elf zu denken und gleichzeitig den Ball zu
schlagen. Arbeiten Sie dieses Kapitel auf der Übungswiese durch oder noch besser
zu Hause vor einer Videokamera oder einem Spiegel. Wenn Sie den Schläger in jeder Phase in die richtige Position bringen und einige Sekunden darin verharren,
bevor Sie sich zur nächsten begeben, werden Sie bald mit dem athletischen
Schwung vertraut sein. Betrachten Sie bei dieser Analyse Ihre Positionen vom Ansprechen bis kurz vor den Treffmoment von vorne und von der Seite (d. h. in Richtung Ziel). Vom Treffmoment an und im Durchschwung ist es hilfreicher, direkt in
die Kamera oder den Spiegel zu schwingen.

BEACHTE: Als zusätzliche Hilfe zeige ich auch einige der üblichen Fehler auf, die
ich während meines Unterrichts immer wieder beobachte. Sie sind im Unterschied zu den grünen Linien rot umrandet.

■■ 1. PHASE ■■

$\mathcal{D}$ie erste Phase im athletischen Schwung ist die im ersten Kapitel beschriebene Ansprechhaltung. Mittlerweile haben Sie sicherlich ihre Bedeutung erkannt. Sie ist so wichtig, daß sie einer dauernden Überprüfung bedarf. Lassen Sie mich einige der wesentlichen Komponenten wiederholen, um Ihr Gedächtnis aufzufrischen. Und vergessen Sie nicht: Schlechte Eigenschaften gewöhnt man sich genauso schnell an wie gute, und Ihr Set-up kann sich ändern, ohne daß Sie es überhaupt merken.

Die Linie, die parallel zum Schlägerschaft nach oben durch den Körper verläuft, wird als ursprüngliche Schaftlinien-Ebene bezeichnet und ist ein wesentlicher Bezugspunkt.

Links: Die athletische Ansprechhaltung Rechts: Die schwarze senkrechte Linie markiert die für das Gleichgewicht ausschlaggebenden Punkte, die rote Linie verkörpert die ursprüngliche Schaftlinien-Ebene.

PUNKTE, DIE ZU BEACHTEN SIND

- Eine senkrechte Linie durch die Mitte Ihrer rechten Schulter oder den Trizeps sollte durch die Kniescheibe zum Fußballen führen.
- Das Gewicht sollte gleichmäßig auf die Fußballen verteilt sein.
- Druck muß unter den Unterarmen und auf der Brust verspürt werden.
- Beim Ansprechen sollte man sich entspannt fühlen, aber dennoch bereit zu einer dynamischem Bewegung sein.
- Ihre Füße, Hüften und Augen sind parallel zur Linie zum Ziel gerichtet, die Schultern sind leicht geöffnet.

Häufige Fehler

1. Eine senkrechte Linie von der Mitte der rechten Schulter durch die Kniekehle weist darauf hin, daß das Körpergewicht zu weit nach hinten auf die Fersen verlagert ist.
2. Eine senkrechte Linie von der Mitte der rechten Schulter an der Kniescheibe vorbei weist darauf hin, daß das Körpergewicht zu weit vorne ruht.

Häufige Fehler 1 und 2.

71

Der erste Kontrollpunkt beim Rückschwung ist die 8-Uhr-Position. Das Griffende befindet sich dabei gegenüber der Mitte des rechten Oberschenkels.

▬ 2. PHASE ▬

*S*tellen Sie sich vor, Sie würden sich beim Ansprechen im geneigten Zifferblatt einer Uhr befinden. Der Ball liegt auf der 6-Uhr-Position. **Ihr Ziel ist es, Schläger, Hände, Arme und Körper in einer Einheit vom Ball wegzuschwingen, bis sie den ersten Kontrollpunkt, nämlich die 8-Uhr-Position, erreichen.** Dabei befindet sich das Griffende des Schlägers gegenüber der Mitte Ihres rechten Oberschenkels.

Der Nabel folgt der Bewegung des Griffendes. Die Hände bewegen sich nur über eine kurze Strecke, während der Schlägerkopf einen viel weiteren Weg zurücklegt. In diesem frühen Stadium sind die Hände noch passiv und reagieren nur auf die Körperbewegung. Auch der vom linken Arm auf die Brust ausgeübte Druck bleibt konstant. Auf diese Weise wird gewährleistet, daß Arme und Körper nicht unabhängig agieren.

Diese Phasen 1 und 2, also die Einleitung des Rückschwungs, oder der „take-away", stelle ich mir jedoch eher als Fortbewegung des Schlägers denn als ein Fortführen vor. Das Fortführen ist für mich immer mit dem Bild von Händen und Schläger verbunden, die vor dem Körpereinsatz aktiv werden, anstatt sich mit ihm im Gleichklang zu bewegen.

*Bei der Seitenansicht ist
keine Lücke zwischen
linkem und rechtem Arm
zu sehen.*

PUNKTE, DIE ZU BEACHTEN SIND

- Das Griffende Ihres Schlägers zeigt auf den Nabel.
- Die Lücke zwischen Körper und Griffende des Clubs wird von Phase 1 bis Phase 2 kleiner.
- Die bei der Ansprechhaltung von der Rückseite des linken Handgelenks und an der linken Daumenwurzel gebildeten Winkel werden beibehalten.
- Bei der Seitenansicht, d. h. in Zielrichtung, sollte keine Lücke zwischen den Armen zu sehen sein. Es sieht aus, als würde der rechte Arm „auf" dem linken liegen.
- Bei der Draufsicht auf die 8-Uhr-Position ist die Bahn, die die Hände beschreiben, kürzer als die des Schlägerkopfes. Mit anderen Worten bewegen sich die Hände innerhalb des Schlägerkopfes. Zur Kontrolle legen Sie einen Schläger diagonal zwischen linken Absatz und rechter Fußspitze auf den Boden. Die 8-Uhr-Position ist erreicht, wenn sich der Schaft und die Führungskante des Schlägers parallel zum Schaft auf dem Boden befinden.

73

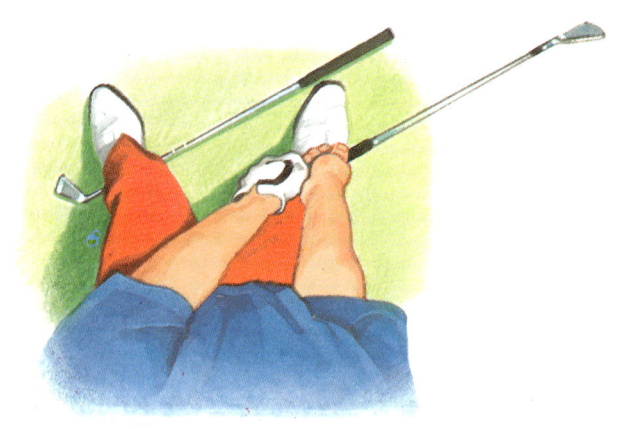

*Ein diagonal zwischen
Ihren Füßen auf dem
Boden ausgelegter Schläger
dient als Kontrollpunkt für
die 8-Uhr-Position.*

▬ *Häufige Fehler* ▬

1. Ein von Händen und Armen eingeleiteter Schwung, bei dem der Schläger vom Körper weggestoßen wird. Die Folge: Eine große Lücke zwischen Körper und Schläger und keine Drehung des Nabels.
2. Ein vom Schlägerkopf eingeleiteter Schwung, der zu einer Trennung der Ellbogen und einer Öffnung der Schlagfläche führt.

Häufige Fehler 1 und 2.

▬ 3. PHASE ▬

$\mathcal{W}$ir bleiben bei unserem imaginären Zifferblatt und versuchen nun, die 9-Uhr-Position zu erreichen.

Um zu gewährleisten, daß Hände und Arme mit der Drehung des Körpers im Einklang bleiben, bewegen sich die Hände nur eine sehr kurze Strecke von ihrer Position in Phase 2 weg. Es sollte keine bewußte Streckung der Arme oder Vergrößerung des Schwungradius erfolgen. Der Schläger wird durch die Drehung des Körpers in die 9-Uhr-Position gebracht. Gleichzeitig winkeln sich die Handgelenke ein wenig ab, dreht sich der linke Unterarm allmählich in Richtung Uhrzeigersinn und trennen sich die Ellbogen geringfügig. Dadurch wird die Schlagfläche geöffnet und der Weg für den Schwung des Schlägers nach oben in der richtigen Ebene bereitet.

Der Schläger ist nun auf die 9-Uhr-Position vorgerückt, der Schaft befindet sich parallel zum Boden, bereit für seinen Schwung nach oben auf der richtigen Ebene.

PUNKTE, DIE ZU BEACHTEN SIND

- Obwohl sich der Körper zu drehen beginnt, ist diese Drehung erst minimal sichtbar.
- Eine senkrechte Linie vom Griffende Ihres Schlägers würde direkt außerhalb des rechten Fußes in den Boden führen.
- Der linke Arm befindet sich eng an der Brust, der rechte Ellbogen nah an der rechten Hüfte.
- Die Handfläche der rechten Hand zeigt zur Linie Ball–Ziel, als wollten Sie jemandem die Hand reichen.
- Winkel an der Rückseite des rechten Handgelenks sind ein erstes Anzeichen dafür, daß die Handgelenke sich abwinkeln.
- Der Schaft des Schlägers befindet sich parallel zur Fußlinie, parallel zum Boden und kreuzt die ursprüngliche Schaftlinie.
- Die Schlägerspitze zeigt direkt zum Himmel.

In der 9-Uhr-Position befindet sich die rechte Hand parallel zur Linie Ball–Ziel, und zwar so, als wollten Sie jemandem die Hand reichen.

Häufige Fehler

1. Die Arme sind zu weit vom Körper weggestreckt, die Handgelenke haben sich nicht abgewinkelt.
2. Eine zu starke Drehung des linken Unterarms zwingt den Schlägerkopf zu weit hinter die Hände, so daß der Schaft nicht mehr parallel zur Fußlinie liegt.

Häufige Fehler 1 und 2.

■■ 4. PHASE ■■

*Z*wischen den Phasen 3 und 4 bewegt sich der linke Arm in eine Position parallel zum Boden. Dies ist ein besonders wichtiger Kontrollpunkt, da von hier ab beim richtigen Schwung die Drehung des Körpers beinahe völlig die Kontrolle von Arm- und Handgelenkeinsatz übernimmt. Wenn man sich bis zu diesem Punkt korrekt bewegt, wird der Rest des Schwungs erheblich einfacher. Obwohl Sie sich natürlich auch weiter des Einsatzes von Armen und Handgelenken bewußt sein sollten, brauchen Sie ihre Bewegung nicht mehr zu beeinflussen. Ab Phase 3 erfolgt die Aufwärtsbewegung des Schlägers (der Ebene) durch die **Drehung des Körpers,** durch das Beugen des rechten Ellbogens und durch das natürliche Abwinkeln der Handgelenke. Der rechte Ellbogen entfernt sich nun vom Körper und vergrößert damit den Schwungbogen.

Von seiner horizontalen Stellung in Phase 3 **schwingt der Schaft nach oben auf eine steilere Ebene als beim Ansprechen.** Er schwingt nicht mehr länger parallel zur ursprünglichen Linie, obgleich er, wie wir später sehen werden, dorthin zurückkehrt. **Betrachen Sie die Ebene eher so, als wäre sie keine Gerade, sondern leicht verzogen.**

77

Wenn sich der linke Arm parellel zum Boden befindet, sind die Handgelenke voll abgewinkelt, und der rechte Arm erscheint über dem linken.

Diese verzogene Aufwärtsbewegung ist die Folge des korrekten Abwinkelns der Handgelenke und des richtigen Einsatzes des rechten Arms. Von vorne betrachtet erscheint der rechte Ellbogen höher als der linke, während er sich gleichzeitig weiter vom linken trennt. Zwei Dinge bleiben unverändert: Der linke Arm befindet sich weiterhin eng an der Brust, und der von der Rückseite des linken Handgelenks gebildete Winkel wird beibehalten.

*Der Schaft hat sich nun
steil von der ursprünglichen
Schaftebene wegbewegt.*

PUNKTE, DIE ZU BEACHTEN SIND

● Die Drehung Ihres Körpers ist nun zu 75 Prozent abgeschlossen.
● Obwohl sich der linke Arm noch nahe an der Brust befindet, bildet er einen Winkel zur Linie zum Ziel und weist zu einer Stelle hinter Ihnen.
● Der rechte Arm erscheint über dem linken, und die in Phase 2 begonnene Trennung der Ellbogen ist abgeschlossen.
● Der Schwung hat seinen weitesten Bogen erreicht; der linke Arm ist gestreckt, aber entspannt.
● Die Handgelenke sind voll abgewinkelt.
● Der Schaft, nun senkrechter als vorher, schneidet – im Spiegel betrachtet – den rechten Bizeps.
● Der Winkel der Schlagfläche ist parallel zum linken Unterarm.

▬ *Häufige Fehler* ▬

1. Eine Körperdrehung, die entweder *(a)* schon vollständig ist oder aber *(b)* weniger als 50 Prozent beträgt.

2. Ein linker Arm, der, anstatt sich quer über die Brust zu drehen, sich von ihr entfernt hat. Er befindet sich parallel zur Linie zum Ziel, anstatt von dieser weg zu zeigen.

3. Eine Schaftebene, die im Verhältnis zum rechten Bizeps *(a)* entweder zu flach oder *(b)* zu steil ist. Wenn sie zu flach ist, dann verläuft sie, im Spiegel betrachtet, durch das Ellbogengelenk, ist sie zu steil, verläuft sie durch das Schultergelenk.

Häufige Fehler 1a, 1b, 2, 3a und 3b.

▬ 5. PHASE ▬

𝕯iese Position wird allgemein als „höchster Punkt des Rückschwungs" bezeichnet. Hierbei handelt es sich jedoch nur um einen Bezugspunkt. Beim richtigen Schwung gibt es keine Stellung, bis zu der sie zurückschwingen und in der Sie vor dem Abschwung anhalten. Alles geschieht vielmehr innerhalb einer fließenden Bewegung. Bei manchen Schwüngen mag es den Anschein haben, als gäbe es eine kurzfristige Pause, aber dies ist nur eine Folge der Gegenbewegung des Körpers im Abschwung.

Links und rechts:
*Der höchste Punkt
des Rückschwungs.*

Die „pre-set" Übung.

Einfach ausgedrückt beschreibt Phase 5 die in Phase 4 erreichte Position, übertragen auf den höchsten Punkt aufgrund der vollendeten Körperdrehung. Diese Übertragung gilt auch für den Druck unter dem linken Arm. Bei Vollendung des Rückschwungs schwingt der linke Arm die Brust hinauf, ohne sich jedoch von ihr zu lösen. Auf diese Weise wird der vom linken Arm und Schaft gebildete Schwungradius beibehalten. Die Arme und Handgelenke spielen in diesem Stadium nur eine untergeordnete Rolle. Sie sollten ein Gefühl absoluter Passivität in Armen und Händen haben. Jede Beeinflussung des Schlägers ist einzig und allein eine Folge des Schwungs und des Schlägergewichts, und eine bewußte Bewegung der Arme und Hände ist nicht erforderlich.

Wenn Sie Schwierigkeiten haben, diese Position zu erreichen, sollten Sie es einmal mit der „pre-set"-Übung versuchen: Nehmen Sie Ihren normalen Set-up ein, und heben Sie den Schläger vor dem Körper an, bis er einen Winkel von 90 Grad erreicht. Strecken Sie die Arme nicht vom Körper weg. Behalten Sie die von der Rückseite der Handgelenke gebildeten Winkel bei, und drehen Sie nun den Körper, bis der Schläger den höchsten Punkt erreicht. Damit gelangen Sie nicht nur in eine perfekte Position, sondern bekommen auch das Gefühl passiver Arme und Handgelenke, das Sie für den normalen Schwung brauchen.

Wenn der Schläger in Phase 4 in der richtigen Ebene schwingt (durch den Bizeps), gewährleistet eine korrekte Drehung des Körpers eine perfekte Ebene im höchsten Punkt. Der rechte Ellbogen stützt den linken Arm und Schläger, und Sie sind nunmehr bereit zum Richtungswechsel.

PUNKTE, DIE ZU BEACHTEN SIND

- Die linke Schulter ist unter das Kinn gedreht, und der Rücken zeigt zum Ziel.
- Der linke Arm bleibt an der Brust und ist entspannt, obwohl er gestreckt ist.
- Der rechte Ober- und Unterarm bildet ein „L". Damit wird der Schwungradius beibehalten.
- Die Innenseite des rechten Arms vom Handgelenk bis zum Ellbogen verläuft parallel zum Winkel Ihres Rückgrats.
- Ein über den Ellbogen gelegter Schaft würde parallel zum Boden verlaufen.
- Der linke Daumen liegt unter dem Schaft, der Winkel auf der Rückseite des linken Handgelenks wird beibehalten.
- Im Idealfall liegt der Schaft – vor allem eines langen Schlägers – etwa parallel zum Boden und zur Linie zum Ziel. Bei einem Schwung, bei dem diese Parallelstellung nicht erreicht wird, zeigt der Schaft nach links vom Ziel.
- Die Schlagfläche hängt square nach unten, so daß sie parallel zur Ebene des linken Armes verläuft.

Links: Der rechte Ober- und Unterarm bildet ein „L".
Mitte: Der rechte Unterarm verläuft parallel zum Winkel des Rückgrats.
Rechts: Ein über den Ellbogen gelegter Schaft verläuft parallel zum Boden.

■ *Häufige Fehler* ■

1. Ein Winkel am rechten Ellbogen von weniger als 90 Grad verringert den Schwungradius.
2. Eine Loslösung des linken Arms von der Brust und ein Anheben des rechten Ellbogens führen dazu, daß der Schläger auf eine falsche Ebene gehoben und nach rechts vom Ziel ausgerichtet wird.
3. Ein Verlust des Winkels am linken Handgelenk. Ist das Handgelenk zu konvex oder gebeugt *(a)*, zeigt die Schlagfläche in einer geschlossenen Stellung zum Himmel; ist das Handgelenk zu konkav oder zu stark nach außen abgewinkelt *(b)*, hängt die Schlagfläche in sehr offener Stellung direkt nach unten.

Häufige Fehler 1, 2, 3a und 3b.

Bis zu diesem Punkt ist der athletische Schwung aufgrund des relativ geringen Tempos des Rückschwungs noch einigermaßen kontrollierbar. Beim Abschwung wird die Bewegung jedoch beschleunigt, da sie weitgehend reaktiv ist und nicht mehr bewußt kontrolliert werden kann. Denken Sie daran: Da die Zentrifugalkraft beim Abschwung eine so große Rolle spielt, müssen Sie Ihrem Instinkt und Gefühl vertrauen. Das ändert jedoch nichts daran, daß Sie eine klare Vorstellung von der Aktion des Schlägers während des ganzen Schwungs haben sollten.

▬ 6. PHASE ▬

$\mathcal{D}$ie 6. Phase ist eigentlich Phase 5 zurück nach unten geführt bis zu einer Stelle, wo sich der linke Arm wiederum parallel zum Boden befindet. In diesem Stadium wird der Unterschied zwischen einem guten und einem schlechten Schwung besonders deutlich. Bei einem guten Schwung ist der Richtungswechsel vom Rückschwung zum Abschwung fast unsichtbar, während bei einem schlechten Schwung zwei deutlich getrennte Bewegungen erkennbar sind.

Den Richtungswechsel haben wir bereits im vorigen Kapitel behandelt. Die steilere Rückschwungebene wird im Verhältnis zur Ebene der ursprünglichen Schaftlinie durch eine flachere Abschwungebene ersetzt. **Der Abschwung wird soweit abgeflacht, bis der Schläger parallel zur ursprünglichen Ebene der Schaftlinie verläuft, wenn auch etwas höher und weiter außen.** Die leichte Bewegung der Hände und des linken Arms nach außen sowie das in Phase 5 beschriebene Abflachen des Schafts sind absolut natürlich und resultieren aus der dynamischen Körperbewegung im Abschwung. Dies ist besonders deutlich zu erkennen, wenn man den Schwung von Spitzenspielern in Zeitlupe betrachtet.

Links: *Das vom rechten Ober- und Unterarm gebildete „L" wird während der ersten Phase des Abschwungs beibehalten.* Rechts: *Der Schwung verläuft jetzt flacher auf einer Ebene parallel zur Ebene der ursprünglichen Schaftlinie.*

In dieser Phase sollten Sie deutlich spüren, daß Ihre Handgelenke abgewinkelt bleiben oder den Winkel sogar vergrößern und daß der linke Arm Druck auf die Brust ausübt. Der Arm darf sich nicht von der Brust lösen.

PUNKTE, DIE ZU BEACHTEN SIND

● Der Oberkörper ist im Verhältnis zum Ziel geschlossen (nach rechts gerichtet).
● Die Beine haben eine Stellung, als würden Sie sich hinsetzen wollen.
● Auch wenn der rechte Ellbogen näher an den Körper herangezogen wird, bleibt die „L"-Form des Arms erhalten. So wird ein konstanter Schwungradius gewährleistet.
● Beide Handgelenke bleiben voll abgewinkelt.
● Der Schläger liegt parallel zur Ebene der ursprünglichen Schaftlinie. Das Griffende zeigt auf eine Stelle außerhalb der Linie Ball–Ziel.
● Die Schlagfläche steht parallel zur Rückseite des linken Arms.

■ *Häufige Fehler* ■

1. Eine zu steile Ebene aufgrund eines schlechten Richtungswechsels; linker Arm und Hände sind zu weit vom Körper entfernt.
2. Der rechte Arm ist zu fest an den Körper gedrückt und verkleinert damit den Schwungradius.

Häufige Fehler 1 und 2.

▰ 7. PHASE ▰

$\mathcal{O}$bwohl diese Phase während des Bewegungsablaufs etwas anders aussehen mag, ist sie ein genaues Spiegelbild von Phase 3, bei der sich das Schaftende des Schlägers direkt hinter dem rechten Bein befindet. Von diesem Moment an kann der Schlägerkopf an den Ball gebracht werden.

Ab Phase 6 streckt sich der rechte Arm allmählich, und der linke beginnt sich nach unten zu drehen. Beide Arme bleiben jedoch mit dem Körper verbunden. Die Handgelenke sind noch abgewinkelt und halten die Kraft zurück, die nötig ist, um den Schläger im Treffmoment frei fliegen zu lassen.

Links und rechts: *In Phase 7 befindet sich der Schaft parallel zum Boden und zur Linie zum Ziel. Die Handgelenke bilden einen 90-Grad-Winkel mit dem Schaft.*

PUNKTE, DIE ZU BEACHTEN SIND

● Da der größte Teil des Gewichts noch auf der rechten Seite ruht, steht der rechte Fuß fest auf dem Boden.
● Der rechte Ellbogen befindet sich direkt vor der rechten Hüfte.
● Die Handgelenke bilden einen 90-Grad-Winkel mit dem Schaft.
● Der Schaft liegt sowohl parallel zum Boden als auch zur Linie zum Ziel.
● Die Schlägerspitze zeigt senkrecht nach oben.

▬ *Häufige Fehler* ▬

1. Der Schaft schwingt zu weit innerhalb *(a)* der Linie zum Ziel (Hook/Push) oder *(b)* zu weit außerhalb (Slice/Pull).
2. Die Handgelenke werden zu früh gestreckt, weil der rechte Ellbogen hinter der rechten Hüfte bleibt.

Häufige Fehler 1a, 1b und 2.

▬ 8. PHASE ▬

*D*er *Treffmoment.* Nun sind wir am Höhepunkt all unserer bisherigen Bemühungen angelangt. Hier wird über die Qualität und Richtung Ihrer Schläge entschieden. Dies ist die dynamischste einer Reihe von zunehmend dynamischen Positionen, und man kann sich deshalb nicht einfach während des Bewegungsablaufs zum Treffmoment begeben, wenn die bisherigen Phasen nicht auch dynamisch abgelaufen sind. Was man jedoch

*Die dynamische Haltung
im Treffmoment.*

tun kann, um diese Phase zu integrieren, ist, seine Haltung im Treffmoment einige Sekunden lang beizubehalten und dabei den Schlägerkopf fest gegen einen Ball zu drücken. Aber dies ist eines der Leitbilder, aus dem nächsten Kapitel.

Der Treffmoment ist leichter zu verstehen, wenn man jeden einzelnen Aspekt kennt. Deshalb gehe ich auch so detailliert darauf ein. Ab Phase 7, wo sich der Schläger auf einer Schwungbahn innerhalb der Linie zum Ziel dem Ball nähert, wird der Schlägerkopf square gestellt und kann frei durch den Ball schwingen. Dies wird durch folgende Aktionen ermöglicht:

(a) Die Drehung des Körpers;

(b) die Drehung des rechten Unterarms zum Ziel;

(c) die Streckung des rechten Arms;

(d) die Streckung der Handgelenke;

(e) das Schaftende des Schlägers, das sich nach links innen zum Körper bewegt.

Unser Ziel ist es, eine Situation herbeizuführen, bei der die Ebene des Schafts im Treffmoment weitgehend mit der Ebene der ursprünglichen Schaftlinie übereinstimmt. So kehrt der Schläger in der gleichen Stellung an den Ball zurück, die er beim Ansprechen hatte.

PUNKTE, DIE ZU BEACHTEN SIND

- Der Winkel, den Ihr Rückgrat im Treffmoment hat, ist identisch mit dem Winkel beim Ansprechen des Balls.
- Kopf und Rückgrat befinden sich hinter dem Ball.
- Die Hüften sind teilweise zum Ziel gerichtet und etwa in einem Winkel von 45 Grad geöffnet; die Schultern erscheinen offener als beim Ansprechen.
- Die rechte Schulter ist tiefer gesenkt als die linke, und der obere Teil des linken Unterarms ist beim Blick die Linie entlang sichtbar.
- Der linke Arm liegt eng an der Brust, der rechte Ellbogen eng an der rechten Hüfte, und der rechte Arm ist fast völlig gestreckt. Die Ellbogen stehen genauso weit auseinander wie beim Ansprechen.
- Die Rückseite des linken Handgelenks ist flach; das Handgelenk selbst ist ein klein wenig angehoben.
- Das linke Bein, obgleich ein wenig gebeugt, steht fest auf dem Boden und leistet Widerstand. Der Druck liegt auf dem linken Absatz. Das Körpergewicht ist etwa gleichmäßig verteilt.
- Das rechte Knie zeigt nach innen hinter die Fußlinie. Der rechte Fuß ist nach innen gerollt und steht auf den Fußspitzen.
- Das Schaftende befindet sich vor dem Schlägerkopf, der Griff zeigt zur Innenseite des linken Oberschenkels.
- Die Schlagfläche erscheint zur Linie zum Ziel leicht geöffnet. Da der Ball für den Bruchteil einer Sekunde auf der Schlagfläche bleibt, steht diese tatsächlich nur square, wenn der Ball den Schläger verläßt.

▬ *Häufige Fehler* ▬

1. Ein Verlust des Winkels Ihres Rückgrats, da Kopf und Steißbein ihre ursprüngliche Position aufgeben. Die Arme sind nicht mehr mit der Brust verbunden.
2. Ein Weggleiten des Unterkörpers, so daß der Kopf zu weit hinter dem Ball ist.
3. Die Schultern drehen sich in einem zu steilen Winkel *(a)*. Die rechte senkt sich zu weit unter die linke und erzeugt eine große Lücke zwischen beiden Armen. So erscheinen die Schultern geschlossen und die Hüften zu offen. Dadurch wird *(b)* eine zu steile Schaftebene erzeugt, was wiederum zu unsauberen Schlägen führt.
4. Der Ball wurde zu früh geschlagen, so daß der Schlägerkopf die Hände überholt und das linke Handgelenk sich nach oben abwinkelt.

91

*Häufige Fehler 1, 2, 3a, 3b
und 4.*

■■ 9. PHASE ■■

𝒟iese Phase unmittelbar nach dem
Treffmoment ist ein Spiegelbild von Phase 2, der 8-Uhr-Position. Während sich
das Schaftende weiter nach links bewegt, rückt der Schlägerkopf nur ein kleines
Stück bis zur 4-Uhr-Position weiter – ein deutlicher Hinweis, daß die Hände im
athletischen Schwung passiv bleiben. Die Drehung des Körpers sorgt dafür, daß
der Schlägerkopf square gestellt wird und ohne eigenmächtigen Hand- oder Arm-
einsatz frei durch den Ball fliegen kann. **Es ist nicht nötig, daß die rechte Hand
die linke überrollt, um die Schlagfläche square zu stellen.**

Links: *Die 4-Uhr-Position
unmittelbar nach dem
Treffmoment.*
Rechts: *Der linke Oberarm
liegt immer noch eng an der
Brust.*

PUNKTE, DIE ZU BEACHTEN SIND

- Der Körper dreht sich weiter, aber der Kopf bleibt in der Position, die er im Treffmoment innehatte.
- Die Arme bleiben eng mit dem Körper verbunden. Der linke Oberarm liegt an der Brust, der rechte Ellbogen neben der rechten Hüfte.
- Die square gestellte Schlagfläche hat die Hände überholt, und das Schaftende des Schlägers zeigt zum Nabel.
- Wie in Phase 2 erscheint der Weg der Hände kürzer als der des Schlägerkopfes, und die Hände bewegen sich wiederum innerhalb des Schlägerkopfes.

=== *Häufige Fehler* ===

1. Der Kopf schiebt sich nach vorne und an seiner Position im Treffmoment vorbei.
2. Der linke Arm löst sich von der Brust und blockiert den rechten, so daß die
   Hände überrollen und die Schlagfläche zu früh geschlossen wird.

Häufige Fehler 1 und 2.

1   2

=== 10. PHASE ===

*W*ährend die Hände und Arme nach
links vom Ziel schwingen, leistet die Zentrifugalkraft harte Arbeit. Sie übt eine
Zugkraft auf Arme und Schlagfläche aus, so daß die Arme gestreckt und für den
Bruchteil einer Sekunde vom Körper weggezogen werden. Denken Sie daran,
wenn Sie sich zu Ihrem nächsten Kontrollpunkt begeben.

In Phase 4 befand sich der linke Arm parallel zum Boden, und die Handgelenke waren voll abgewinkelt. In Phase 10 muß der rechte Arm, um die gleiche
Stellung der Handgelenke herbeizuführen, über die Horizontale hinaus schwingen, denn aufgrund der Zentrifugalkraft haben sich die Handgelenke noch nicht
wieder voll abgewinkelt, wenn sich der rechte Arm parallel zum Boden befindet.

Links: *In diesem Stadium ist die Drehung des Körpers fast vollendet, und die Handgelenke sind voll abgewinkelt.*
Rechts: *Der Schaft verläuft parallel zur Ebene der ursprünglichen Schaftlinie.*

PUNKTE, DIE ZU BEACHTEN SIND

- Der Körper hat sich nahezu voll gedreht und zeigt zum Ziel, der größte Teil des Gewichts ruht auf dem linken Bein.
- Obgleich der Kopf in der gleichen Position wie beim Ansprechen ist, hat er sich nach rechts geneigt, so daß die Augen „unter" den Schlag blicken können.
- Der rechte Arm ist voll ausgestreckt und übt Druck auf die Brust aus.
- Der linke Ellbogen ist nach unten gebeugt.
- Die Rückseiten beider Handgelenke sind nach innen gewölbt.
- Ähnlich wie in Phase 6 verläuft der Schaft parallel und oberhalb der Ebene der ursprünglichen Schaftlinie.

95

Häufige Fehler

1. Der bewußte Versuch, „hinter dem Schlag zu bleiben", hat zur Folge, daß der Körper zurückbleibt und daß die rechte Hand die linke zu weit überrollt.
2. Die Arme werden mit Absicht zu weit in Richtung Ziel gestreckt.

Häufige Fehler 1 und 2.

11. PHASE

Ihre Haltung in Phase 11 ist nur mehr eine Verlängerung von Phase 10, d. h. die Arme werden einfach aufgrund der Vollendung der Drehung weiter geführt. Phase 11 vermittelt uns jedoch eine gewisse Vorstellung von der Güte aller vorherigen zehn Phasen. Es ist, als würde man einen Kuchenteig probieren: Man weiß sofort, welche Zutaten für eine ideale Mischung fehlen oder zuviel sind. Das Ende des Durchschwungs sollte ein Bild von ausgewogenem Gleichgewicht und harmonischer Einheit sein. Versuchen Sie, im Finish einige Sekunden zu verharren. Gelingt es Ihnen, so ist dies ein Beweis dafür, daß der Körper die Beschleunigung des Schlägers im Treffmoment richtig abgefangen und kontrolliert hat.

Links und rechts:
Die Haltung im Finish.

PUNKTE, DIE ZU BEACHTEN SIND

- Die rechte Körperseite ist näher am Ziel als die linke, der Kopf etwas vor seiner Ausgangsposition.
- Der in Phase 10 vom rechten Arm auf die Brust ausgeübte Druck ist noch immer vorhanden.
- Die Ellbogen haben etwa den gleichen Abstand voneinander wie im höchsten Punkt des Rückschwungs.
- Der linke Ellbogen ist vom Körper weggestreckt und stützt den Schläger, der rechte Arm ist quer über die Brust gestreckt.
- Die Rückseiten der Handgelenke behalten die in Phase 10 gebildete leicht konkave Haltung bei. Der linke Daumen liegt direkt unter dem Schaft.
- Der Schaft befindet sich quer hinter dem Hinterkopf und weist leicht nach unten.

■ *Häufige Fehler* ■

1. Eine unvollständige Drehung des Körpers zum Ziel.
2. Die Arme sind zu hoch, so daß der Schläger fast senkrecht nach unten hängt (gewöhnlich die Folge des Versuches, den Schläger „auf der Linie" zu halten).

Häufige Fehler 1 und 2.

Wie ich bereits in der Einleitung zu diesem Buch sagte, geht es beim athletischen Schwung vor allem darum, daß der Körper die Arme kontrolliert. Ab Phase 4 wird dies besonders deutlich. Verwenden Sie also viel Zeit auf das Training der ersten vier Phasen.

Greifen Sie immer wieder auf dieses Kapitel zurück. Am ehesten läßt sich eine kontinuierliche Verbesserung erzielen, wenn man seinen Schwung in Zeitlupe auf Video aufzeichnet. Dabei kann man jede Phase des Schwungs mit den in diesem Buch abgebildeten Illustrationen vergleichen. Beim Filmen müssen Sie jedoch auf die richtige Plazierung der Videokamera achten, da jeder schräge Winkel das Bild verzerrt. Die Kamera muß Ihnen direkt gegenüberstehen, d. h. bei der Draufsicht im rechten Winkel zu Ihnen. Ist die Kamera rechts von Ihnen plaziert, also in Zielrichtung, sollte sie parallel zur Fußlinie und zur Linie Ball–Ziel stehen und etwa in der Mitte zwischen diesen beiden Linien.

Um die Videoanalyse noch weiter zu verbessern, können Sie mit einem abwaschbaren Filzstift verschiedene Winkel auf den Bildschirm aufzeichnen. Bei der Seitenansicht, also in Richtung Ziel, können Sie z. B. Linien auf beiden Seiten Ihres Körpers zeichnen, um den Winkel des Rückgrats zu verdeutlichen und den Schlägerschaft beim Ansprechen zu markieren, der die Ebene der ursprünglichen Schaftlinie darstellt.

Eine Videokamera ist bei der Analyse des Schwungs sehr nützlich.

Ich würde Ihnen auch empfehlen, Ihren Kopf zu umrahmen, um seine Bewegungen besser überprüfen zu können. Wenn Sie das tun, werden Sie bald jede Veränderung in Ihren Körperwinkeln feststellen und die Ebenen der Schaftlinie strikt einhalten. Mit dieser Art Analyse wird der Lernprozeß erheblich beschleunigt. Die statischen Positionen lassen sich auch sehr gut vor einem Spiegel trainieren. Verharren Sie in jeder Position einige Sekunden lang, bis Sie Ihnen vertraut ist, bevor Sie sich zur nächsten begeben. Gehen Sie langsam vor, und bleiben Sie entspannt. Es besteht kein Grund zur Eile. Durch regelmäßiges Training verbessern Sie Ihr Gefühl und Ihre Vorstellungskraft. Manchmal empfiehlt es sich auch, beim Training der einzelnen Phasen den Schläger etwas tiefer zu greifen. Wenn Sie sich ganz auf das Griffende des Schafts konzentrieren, werden Sie leichter die Ebene erkennen, auf der der Schläger schwingt, und seine Stellung während des ganzen Schwungablaufs. Alternativ können Sie auch mit geschlossenen Augen trainieren. Dadurch verbessert sich Ihr Gefühl für jede einzelne Phase.

Sobald Sie eine klare Vorstellung der elf Phasen haben, können Sie alle zu einer einzigen fließenden Bewegung verbinden.

99

4

Der Schwung als Ganzes

„DIE VERKNÜPFUNG VON

GEFÜHLEN UND BILDERN

ERGIBT EINEN EINFACHEN,

AUTOMATISCHEN GOLF-

SCHWUNG.“

Der Schwung als Ganzes

$\mathcal{B}$is hierher war Ihr „athletischer Schwung" noch gar kein richtiger Schwung. Alles, was Sie bisher studiert haben – die Vorbereitung, die Körperdrehung und die Schwungpositionen –, waren einzelne Phasen und als solche bewußt kontrollierbar. Nun ist es Zeit, alle diese Komponenten zu einer einzigen automatischen Schwungbewegung zu verbinden. Wahrscheinlich sind Sie auch schon gespannt darauf, festzustellen, welche Vorteile Ihnen Ihre veränderte Technik bringt, wenn Sie nun effektiv einen Ball schlagen.

Bevor Sie nun jedoch Bälle schlagen, müssen Sie noch einen weiteren Schritt tun. Vollführen Sie viele volle Schwünge in Zeitlupe – ohne Ball und ohne in einer der Phasen anzuhalten. Schwingen Sie auch einige Male mit geschlossenen Augen, um zu erfassen, wie Sie die erlernten elf Phasen zu einem Ganzen zusammenfügen. Beschleunigen Sie das Tempo Ihres Schwungs mit zunehmendem Selbstvertrauen. Legen Sie nun auch einen Ball auf den Boden. Wenn Sie so den athletischen Schwung erlernen, werden Sie bald erreichen, worum es eigentlich geht: Keinen bewußten Schlag auf den Ball zu vollführen, sondern nur einen Schwung durch ihn hindurch.

Eine fließende, harmonische Verknüpfung der einzelnen Teile (Rhythmus) in der vorgegebenen Reihenfolge (Timing) und mit einer guten Geschwindigkeit (Tempo) ist das, was einen athletischen Schwung ausmacht. Die Kombination dieser drei Komponenten ist nur zu erreichen, wenn die ganze Bewegung völlig automatisch abläuft. Dies geschieht durch die Erzeugung von Leitbildern (Bildern) und Gefühlen (Sinneseindrücken) in Ihrem Kopf. Ich nenne diese Bilder und Gefühle „athletische Schlüssel". Man könnte sagen, daß sie die Verbindung zwischen physikalischem Know-how und geistiger Umsetzung sind. Im Gegensatz zu bewußten Gedanken sind diese Schlüssel zweifellos der letzte Touch, den Sie Ihrem mechanisch richtigen Schwung draußen auf dem Platz geben müssen.

Die Entwicklung richtiger Leitbilder oder Gefühle erfordert natürlich eine gewisse Erfahrung. Sobald Sie eine gewisse Auswahl zur Verfügung haben, können Sie experimentieren und herausfinden, welche für Sie richtig sind. Jeder Spitzenspieler benutzt athletische Schlüssel beim Training und Spiel, die er manchmal sogar ändert. Dagegen ist auch nichts einzuwenden, solange die Schlüssel eine Verbindung zur fundamentalen Struktur des athletischen Schwungs herstellen.

Ich habe eine Liste der athletischen Schlüssel in der Reihenfolge aufgestellt, in der Sie sie ausprobieren sollten. Sie ist an den Lernprozeß gekoppelt, dem Sie sich bereits in den ersten drei Kapiteln dieses Buches unterzogen haben, selbst wenn sich einige Schlüssel überschneiden. Am Ende eines jeden Schlüssels finden Sie einen zusammenfassenden Satz, der Ihnen vielleicht als Stichwort dienen kann. Diese Stichwörter sollen in Ihrem Unterbewußtsein Reaktionen auslösen.

Aber Vorsicht! Konzentrieren Sie sich nicht auf mehr als einen Schlüssel zur Zeit. Zu viele gleichzeitig lenken Sie ab, setzen Sie unter Druck und behindern die erforderliche natürliche, freischwingende Bewegung.

■ DER 1. ATHLETISCHE SCHLÜSSEL ■
„Bereit zum Schwung"

*I*ch beobachte immer wieder, daß viele Spieler beim Set-up übermäßig angespannt sind. Der ruhig liegende Ball scheint eine hypnotische Wirkung zu haben, die den Spieler steif und angespannt werden läßt, wo er entspannt und aktionsbereit sein sollte. Als Folge beginnen diese Spieler ihren Schwung mit ihren kleinen Muskeln (Hände und Arme) anstatt mit den großen (Körper).

Um die großen Muskeln zu aktivieren und den Schwung fließend einzuleiten, müssen Körper und Arme entspannt sein und eine Einheit mit dem Schläger bilden. Bleiben Sie ständig in Bewegung. Ein sanftes Wiegen von einer Ferse auf die andere hält die Beine aktiv und locker.

Auch waggeln kann Ihnen helfen, den Schlägerkopf richtig in den Händen zu spüren und den Oberkörper entspannt zu halten. Außerdem können Sie sich damit auch leichter den vor Ihnen liegenden Schlag vorstellen und ein Gefühl dafür entwickeln. Waggeln Sie zwei- oder dreimal sanft mit dem Schläger, wobei die linke Hand eine kurze Drehung im Uhrzeigersinn beschreibt. Das Griffende des Schlägers sollte sich dabei zum Ziel hin bewegen, während sich der Schlägerkopf etwa 30 Zentimeter nach hinten verlagert. Obwohl das Waggeln mit einer kleinen Handgelenkbewegung verbunden ist, muß es fließend und kontrolliert und nicht abrupt und aus den Händen heraus erfolgen.

Nach einer kurzen Pause, in der sich der Körper auf den Schlag vorbereitet, setzt man den Schläger am besten durch einen „Kick-start" mit dem rechten Knie

Durch Waggeln bekommen Sie ein besseres Gefühl für den Schlägerkopf in Ihren Händen.

in Richtung Ziel und einer kleinen Drehung (nur einige Zentimeter) der Hüften nach links in Bewegung. Während sich Hüften und Nabel dann nach rechts bewegen, ziehen sie den Schläger nach hinten. Trainieren Sie diese Routine vor dem Schlag, bis sie zum festen Bestandteil Ihres Schwungs wird. Fließend ausgeführt ist sie der Initiator eines guten Tempos in jedem athletischen Schwung.

Stichwort: „Kicken und los!"

Der Schwung wird durch einen „Kick-start" des rechten Knies in Gang gesetzt.

▬ DER 2. ATHLETISCHE SCHLÜSSEL ▬

*Die Verbindung Nabel–Schläger
muß konstant bleiben*

$\mathcal{E}$s ist sehr wichtig, bereits zu Beginn des athletischen Schwungs eine Verbindung zwischen Körper und Schläger herzustellen. Konzentrieren Sie sich auf Ihren Nabel. Obwohl es nicht ganz genau stimmt, daß das Griffende des Schlägers beim Ansprechen direkt zum Nabel zeigt, kommt es doch so ungefähr hin, so daß er gut als Bezugspunkt geeignet ist.

Nehmen Sie Ihre normale Ansprechhaltung ein, und legen Sie das Griffende des Schlägers an Ihren Nabel. Greifen Sie den Schläger so tief, daß Ihre Arme ausgestreckt sind; behalten Sie den Winkel Ihres Rückgrats bei; bewegen Sie Nabel und Schläger auf die 8-Uhr-Position und dann, um sich die Stellung von Schläger und Körper direkt nach dem Treffmoment vorzustellen, auf die 4-Uhr-Position.

Denken Sie an diese Übung, wenn Sie den Schläger normal greifen und einen vollen Schwung vollführen.

Stichwort: „Nabel und Schläger zusammen"

*Die Übung mit dem
Schlägergriff am Nabel.*

■■ DER 3. ATHLETISCHE SCHLÜSSEL ■■
Der Schläger bleibt unter dem Brett

$\mathcal{S}$tellen Sie sich vor, beim Ansprechen würde oberhalb Ihres Schlägers parallel zum Boden von der 8-Uhr-Position bis zur 4-Uhr-Position ein Brett liegen. Leiten Sie den Schwung so ein, daß sich das Griffende Ihres Schlägers auf einer niedrigen Bahn bewegt. Damit wird es Ihnen leichter fallen, die Hände unterhalb des Bretts zu halten. Außerdem wird dadurch die richtige Verbindung zwischen Körper und Schläger begünstigt, und Sie können leichter Ihren Schwerpunkt und den Winkel Ihres Rückgrats beibehalten.

Versuchen Sie, dieses kraftvolle Gefühl kurz vor dem Treffmoment, im Treffmoment und unmittelbar danach zu reproduzieren – mit anderen Worten zwischen acht und vier Uhr.

Stichwort: „Griffende niedrig"

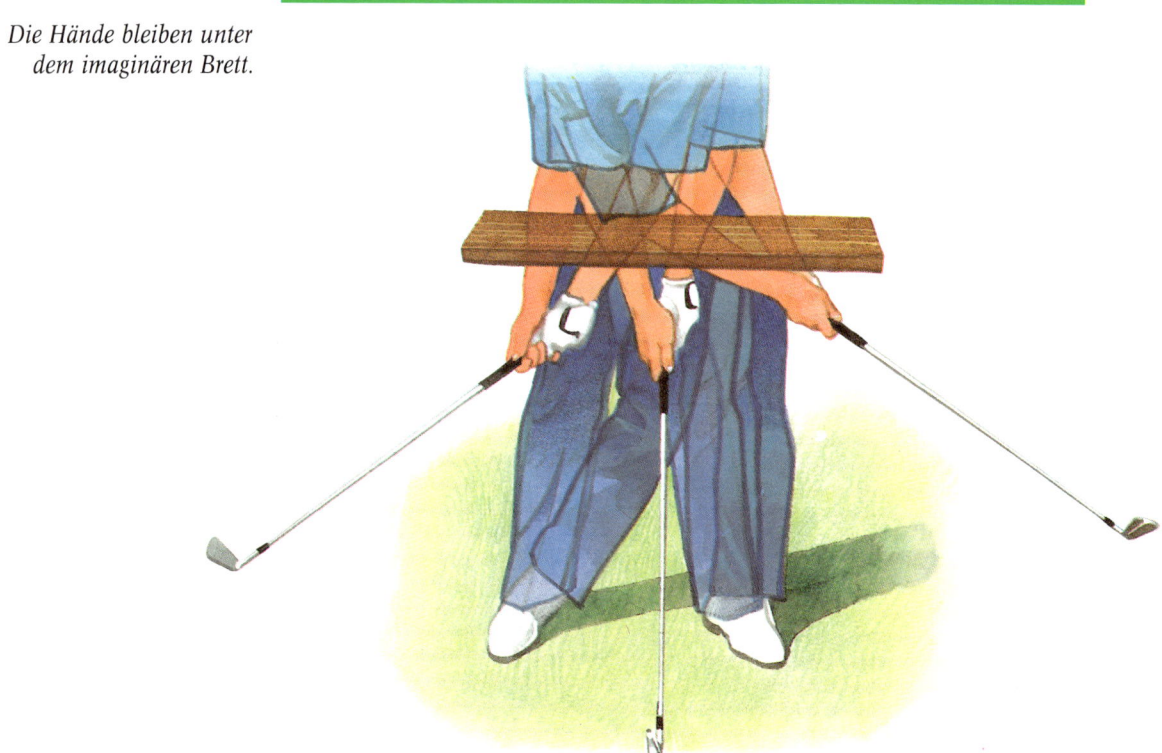

Die Hände bleiben unter dem imaginären Brett.

▬ DER 4. ATHLETISCHE SCHLÜSSEL ▬

*Die großen Muskeln kontrollieren
die kleinen*

Über die Güte eines jeden Golfschwungs wird bereits in den ersten Phasen entschieden. Der Bereich vom Ansprechen bis zu Phase 4, in der sich der linke Arm parallel zum Boden befindet, ist für jeden athletischen Schwung ausschlaggebend. Die meisten Fehler werden hier begangen, und sie führen später unweigerlich zu Problemen.

Wenn Sie an Ihrem Schwung arbeiten, sollten Sie den Schläger in die Stellung von Phase 4 bringen, Ihre Haltung überprüfen und von dort aus Bälle schlagen. Jeder Arm- und Handgelenkeinsatz ist im Grunde vorbei, so daß Sie nur noch Ihre Rückschwungdrehung vollenden und durch den Ball schwingen müssen.

Um einen rhythmischen Beginn des Schwungs zu fördern, pumpen Sie einige Male sanft mit dem Schläger, wobei Arme und Körper in einer Einheit agieren.

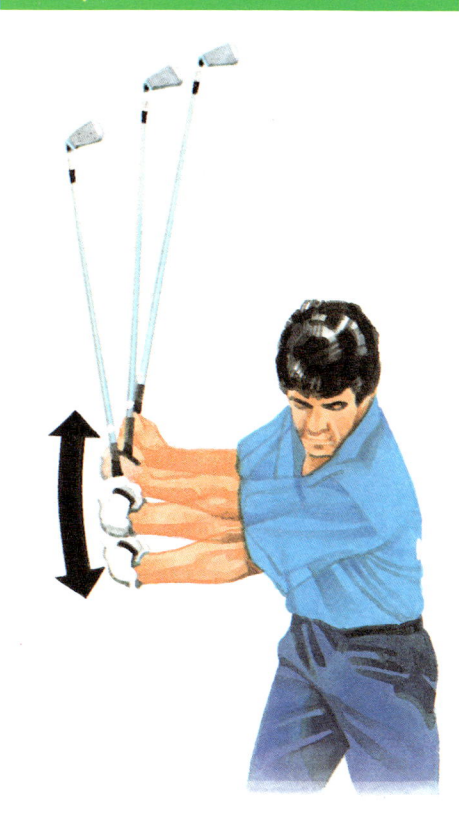

„Pumpen" Sie mit dem Schläger, und vollenden Sie dann Ihren Rückschwung.

107

Vollenden Sie dann Ihren Rückschwung und schwingen durch den Ball hindurch. Sie sollten spüren, wie das „Fliegenlassen" des Schlägers im Treffmoment durch den Körper und nicht durch die Hände kontrolliert wird.

Stichwort: „Einmal pumpen, zweimal und los!"

DER 5. ATHLETISCHE SCHLÜSSEL

*Nur mit der richtigen Technik
fühlt sich der Schläger leicht an*

*B*ei einem korrekten Schwung sollte sich nicht nur Ihr Körper, sondern auch der Schläger im Gleichgewicht befinden. Wenn die Handgelenke den Schläger korrekt in die 8-Uhr-Position bringen, so ist damit eine gewisse Leichtigkeit verbunden, als würde der Schlägerkopf fehlen. Befindet sich der Schläger nicht in der richtigen Stellung – im Gleichgewicht –, fühlt er sich schwer an, und der Schwung erfordert eine größere Anstrengung.

Stichwort: „8 Uhr und gewichtslos"

*In der 8-Uhr-Position
sollte sich der Schläger
leicht anfühlen.*

▬ DER 6. ATHLETISCHE SCHLÜSSEL ▬

Stellen Sie sich den Schwung spiegelbildlich vor

𝒟er athletische Schwung ist in vieler Beziehung ein Spiegelbild seiner selbst, besonders in der Art und Weise, wie

(a) sich der Körper im Rückschwung aufdreht und dann wieder zurückdreht;

(b) sich die Handgelenke abwinkeln, strecken und dann wieder abwinkeln;

(c) der Schaft im Treffmoment fast wieder genau die gleiche Ebene der ursprünglichen Schaftlinie wie beim Ansprechen erreicht.

Entwickeln Sie ein Gefühl für diese spiegelbildlichen Bewegungen, indem Sie Ihren Schwung bei Phase 10 – „links" – beginnen. Von dort aus drehen Sie den Körper nach „rechts", wobei die Arme und Schläger wie üblich durch Phase 4 bis zum „höchsten Punkt" schwingen. Schwingen Sie dann durch und bis zum Finish „links", wobei Sie auf dem Weg die Phasen 6 und 10 passieren.

Auch diese Übung fördert die Entwicklung des Gefühls für den spiegelbildlichen Aspekt des Schwungs sowie eine fließende Bewegung von Anfang an.

Stichwort: „Links, rechts, links"

Stellen Sie sich den Schwung als seitenverkehrtes Bild vor – zurück und durch.

109

▬ DER 7. ATHLETISCHE SCHLÜSSEL ▬

Der Wechsel in der Schwungebene

*W*ie ich schon sagte, wechselt die Ebene Ihres athletischen Schwungs von einem etwas steileren Winkel im Rückschwung zu einem flacheren im Abschwung. Wenn Sie an Ihrer Ebene arbeiten, ist wiederum das Griffende des Schlägers eine Hilfe. Während des Rückschwungs verläuft der Schaft anfänglich entlang der ursprünglichen Schaftlinie und schwenkt dann nach oben. Stellen Sie sich vor, das Griffende würde auf seinem leicht konkaven Weg nach innen und oben ein „C" beschreiben. Während des Richtungswechsels flacht die Schaftebene auf eine Linie ab, die parallel und leicht oberhalb der ursprünglichen Schaftlinie verläuft.

Stichwort: „Erst steil, dann flacher"

Links: *Stellen Sie sich vor, das Griffende Ihres Schlägers würde auf seinem Weg zum höchsten Punkt ein „C" beschreiben.* Rechts: *Der Wechsel in der Schwungebene vom Rückschwung zum Abschwung.*

▬ DER 8. ATHLETISCHE SCHLÜSSEL ▬

Die rechte Seite bis zum höchsten
Punkt des Rückschwungs „aufladen"

$\mathcal{E}$s ist wichtig, daß sich die rechte Seite im Rückschwung „auflädt" und sich auf die Aktion im Abschwung vorbereitet. Um diese „aufgeladene", wie eine aufgezogene Feder wirkende Haltung zu erreichen, müssen sich die großen Rückenmuskeln aufdrehen und gegen den Widerstand des rechten Knies strecken. Dies ist ähnlich wie bei einem Bogenschützen, der den Bogen straff spannen muß, wenn er den Pfeil über eine große Entfernung abschließen will.

Um sich richtig aufzuladen, muß sich das Rückgrat hinter den Ball drehen. Es mag Ihnen so vorkommen, als würden Sie sich dabei vom Ball wegbewegen, aber in Wirklichkeit dreht und verlagert sich das Rückgrat nur zur rechten Achse hin.

Unterstützen Sie diesen Vorgang des Aufdrehens, indem Sie auch Ihrem Kopf eine leichte Drehung gestatten. Beim Spiel mit den längeren Schlägern, die einen größeren Schwung erfordern, bewegt er sich sogar ein wenig nach rechts. Was Ihnen wie eine große Bewegung erscheinen mag, ist wahrscheinlich nur eine minimale Veränderung, wie Sie im Spiegel oder auf Video feststellen werden.

Stichworte: „Vom Ball wegbewegen"
„Hinter den Ball kommen"
„Strecken"
„Aufladen"

Ähnlich wie ein Bogenschütze sollten auch Sie sich bis zum höchsten Punkt des Rückschwungs „aufladen".

━ DER 8. (A) ATHLETISCHE SCHLÜSSEL ━
Eine beständigere Stellung im höchsten Punkt

$\mathcal{O}$bwohl man beim athletischen Schwung im höchsten Punkt in Wirklichkeit keine Pause einlegt, ist die Vorstellung einer Pause hilfreich. Stellen Sie sich vor, als würden Schlägerkopf, Hände, Arme und Schläger in dieselbe Rille hineinschwingen. Dadurch wird Ihr Rückschwung in bezug auf Ebene, Weite, Länge und Tempo erheblich beständiger.

Dies gilt für jeden Schläger in Ihrem Set, trotz der Tatsache, daß Driver und Wedge im höchsten Punkt leicht unterschiedliche Positionen haben. Wenn Sie Ihre „Rille" erreichen, läuft der Rest des Schwungs ganz automatisch ab.

Stichwort: „In die Rille".

Schwingen Sie den Schläger „in die Rille"

━ DER NEUNTE ATHLETISCHE SCHLÜSSEL ━
Der Körper bewegt sich gleichzeitig in zwei Richtungen

$\mathcal{B}$ei jeder dynamischen Bewegung bewegt sich der Körper in einem bestimmten Punkt in zwei Richtungen gleichzeitig. Beim athletischen Schwung geschieht dies im Richtungswechsel, zwischen dem Aufdrehen des Körpers im Rückschwung und dem Zurückschnellen im Abschwung. Gehen Sie nicht davon aus, alle Körperteile würden sich gleichzeitig auf den Weg nach unten machen. Während Oberkörper, Hände und Arme den Rückschwung vollenden, dreht sich der Unterkörper – die linke Schulter unter dem Kinn – bereits nach vorne.

*Entwickeln Sie ein Gespür
für den Richtungswechsel,
indem Sie beim Schwung
den Schläger vom Boden
hochhalten.*

Diese starke, athletische Bewegung kann man am besten fühlen, wenn man den Schläger ein paar Zentimeter über dem Boden vor dem Körper schwingt. Vollführen Sie Ihren Schwung auf dieser ziemlich waagerechten Ebene, und drehen Sie dabei Ihren Körper nach rechts auf. Während Sie den Rückschwung vollenden, schiebt sich das linke Knie bereits in Richtung Ziel. Die Beine nehmen eine Haltung ein, als wollten Sie sich hinsetzen, während der Oberkörper zurückschnellt und den Schläger bis zum Finish frei fliegen läßt.

Dies ist die kraftvollste Bewegung im athletischen Schwung. Sie erzeugt eine Situation, in der der Schlägerkopf hinter den Händen zurückbleibt, wodurch wiederum eine gewaltige Schlägerkopfgeschwindigkeit aufgebaut wird, da der zurückbleibende Schlägerkopf die Hände in der Treffzone einholt.

Diese Übung fördert auch eine gute Drehbewegung und unterstreicht die Flachheit der Ebene im Abschwung.

Stichwort: „Aufdrehen – linkes Knie"

▬ DER 10. ATHLETISCHE SCHLÜSSEL ▬
Rückkehr zum Treffmoment

Diese Kontrollposition ergibt sich automatisch aus allen vorherigen. Trotzdem ist es nützlich, eine Vorstellung davon zu haben, was im Treffmoment geschieht. Eine offene Körperhaltung im Treffmoment ist ein wesentlicher Teil des athletischen Schwungs. Mit den Händen vor

113

dem Schlägerkopf sollten Sie das Gefühl haben, als wollten Sie den Ball mit dem Körper bedecken und mit dem Schlägerkopf „fangen".

Folgende Treffmoment-Übung wird Ihr Gefühl verbessern. Vollführen Sie nach dem Ansprechen einen langsamen Schwung, und bringen Sie dann Schläger und Körper in die in Phase 8 beschriebene perfekte Haltung im Treffmoment. Verharren Sie ein paar Sekunden, als wollten Sie in eine Wand hineinschlagen, und spüren Sie den Druck auf der Innenseite des linken Beins. Schwingen Sie nun aus dieser Haltung heraus zurück und durch. Während Sie den Ball schlagen und bis

Im Treffmoment sollten Sie das Gefühl haben, als würden Sie in eine Wand hineinschlagen.

zum Finish durchschwingen, werden Sie diese ideale Haltung im Treffmoment nachvollziehen und dadurch Ihr Gefühl dafür erheblich verbessern.

Stichwörter: „Fang' ihn"
„Deck' ihn zu"
„In die Wand"
„In die linke Seite schlagen"

━━ DER 11. ATHLETISCHE SCHLÜSSEL ━━
Drehen Sie die Brust in Richtung Ziel

$\mathcal{D}$ie Beine müssen die Drehung des Körpers weg vom und zurück zum Ziel unterstützen. Wenn Sie den Unterkörper richtig bewegen, können Sie den Oberkörper aggressiv durch den Ball hindurch drehen. Im Richtungswechsel nimmt der Körper zuerst eine leicht geschlossene Haltung ein. Von diesem Punkt an beginnt sich die Brust auf dem Weg zum Ball allmählich in Richtung Ziel zu öffnen. Wenn vor Ihnen ein Fußball hinge, dann wäre es, als würden Sie ihn mit der Brust weiterbefördern.

Verwechseln Sie das jedoch nicht damit, „over the top" zu sein, was bedeutet, daß sich der Oberkörper zu Beginn des Abschwungs nach außen schiebt und dabei den Schläger steil aus der Ebene wirft.

Stellen Sie sich vor, als würden Sie während Ihrer Drehung zum Ziel einen aufgehängten Ball mit der Brust weiterbefördern.

Denken Sie daran: Nur ein guter Richtungswechsel ermöglicht es Ihnen, den Schläger auf einer Innenbahn an den Ball zu bringen.

Stichwort: „Brust zum Ziel"

━━ DER 12. ATHLETISCHE SCHLÜSSEL ━━
Der Golfschwung ist eine zweiseitige Bewegung

⌒ch werde oft gefragt, ob Golf ein links- oder ein rechtsseitiges Spiel ist. Es ist keines von beiden, es ist zweiseitig. Beide Seiten spielen in den verschiedenen Stadien des athletischen Schwungs eine Rolle.

Zu Beginn des Schwungs schiebt sich die linke Schulter nach unten, zurück und hinüber nach rechts. Während sich die Handgelenke abwinkeln, vollendet dann die rechte Körperseite die Drehung nach hinten. Zur Einleitung des Abschwungs, bewegt sich das linke Knie in Richtung Ziel. Auf halbem Weg nach un-

Schwingen Sie den Schläger nur mit der rechten Hand, um zu unterstreichen, daß der Schlägerkopf mit der rechten Seite durch den Ball schwingt.

ten jagen rechter Arm und rechte Schulter die Linie zum Ziel entlang, als wollten
Sie einen Ball werfen, und sorgen dafür, daß sich der Schlägerkopf beschleunigt
und im Treffmoment square an den Ball kommt. Diese Kettenreaktion gipfelt
darin, daß die rechte Seite den Schläger bis zum Finish frei fliegen läßt. Entwik-
keln Sie ein Gefühl für diesen rechtsseitigen Schlag, indem Sie zuerst einen Schläger nur mit der rechten Hand schwingen und später sogar ein paar Bälle nur ein-
händig schlagen.

Stichwort: „Mit der rechten Seite schlagen"

■■ DER 13. ATHLETISCHE SCHLÜSSEL ■■
Schlagfläche square halten

*R*uhige Hände im Treffmoment för-
dern eine square gestellte Schlagfläche im Treffmoment und einige Zentimeter
darüber hinaus. So kann der Körper den Schlägerkopf leichter kontrollieren. Vermeiden Sie eine allzu frühe Drehung des rechten Unterarms über den linken und
ein vorzeitiges Schließen der Schlagfläche.

*Wenn Sie Bälle mit getrennt
am Schaft liegenden
Händen schlagen, wird es
Ihnen leichter fallen, die
Schlagfläche square zu
halten.*

Obwohl es fast unmöglich ist, den Schläger im Treffmoment bewußt zu steuern, wird Ihnen die Übung der „getrennten Hände" helfen, ein Gefühl für passive Hände zu entwickeln. Fassen Sie ein Eisen 8 so, daß Ihre Hände etwa drei bis fünf Zentimeter auseinanderliegen. Schlagen Sie mit diesem Griff einige Bälle. Das wird Ihnen zu Anfang schwer fallen, vor allem, wenn Ihr Schwung vorher durch einen übertriebenen Handeinsatz im Treffmoment geprägt war. Ihre Bälle werden jedoch bald gerade fliegen. Konzentrieren Sie sich auf die drei folgenden Aspekte:

1. Die Schlagfläche bleibt länger geöffnet und zeigt nach oben zum Himmel;
2. die rechte Hand bleibt „unter" der linken – die Rückseite der linken Hand und die Handfläche der rechten zeigen teilweise zum Himmel;
3. das Griffende des Schlägers bewegt sich nach links – die Bahn der Hände verläuft innerhalb der des Schlägerkopfes.

Gegen Ende des athletischen Schwungs sollten sich Ihre Arme nicht überkreuzen. Im Durchschwung winkeln sich lediglich die Handgelenke nach oben.

Stichwort: „Die rechte Handfläche zeigt zum Himmel"

▬ DER 14. ATHLETISCHE SCHLÜSSEL ▬
*Die Verknüpfung des Armschwungs
mit der Körperbewegung*

*B*eim Ansprechen zeigen der linke und rechte Ellbogen auf die entsprechenden Hüftgelenke. In den kritischen Phasen, wo Sie vom Ball weg, zum Ball hin und durch ihn hindurch schwingen, sollte dieses Verhältnis von Ellbogen zu Hüften beibehalten werden. Dadurch wird ge-

Stellen Sie eine Beziehung zwischen Ellbogen und Hüften her.

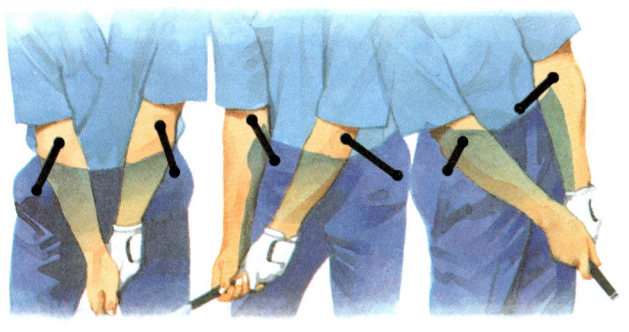

währleistet, daß der Armschwung mit der Körperdrehung verknüpft bleibt und daß keine Bewegung schneller als die andere erfolgt.

Kurze Schläge mit dem Wedge fördern dieses Gefühl. Achten Sie aber darauf, daß das Tempo Ihres Schwungs durch die Drehung des Körpers kontrolliert wird.

Stichwort: „Ellbogen an die Hüften"

▬ DER 15. ATHLETISCHE SCHLÜSSEL ▬
Der athletische Schwung besteht aus zwei Drehungen

$\mathcal{I}$hr letztes Ziel wird es sein, den ganzen athletischen Schwung auf seine einfachste Formel zu reduzieren – den Körper weg vom Ziel und dann durch den Ball hindurch in Richtung Ziel zu drehen. Obwohl, wie Sie mittlerweile natürlich erkannt haben, der athletische Schwung

Das letzte Stichwort für Ihren Schwung: Drehen und drehen.

119

aus erheblich mehr als nur einer Drehung des Körpers besteht – z. B. auch aus einer gewissen seitlichen Bewegung, der Beibehaltung des Rückgratwinkels, dem Abwinkeln der Handgelenke und der Schaftebene. Konzentrieren Sie sich während des Schwungs vor allem auf Ihre großen Muskeln. Sie müssen soweit kommen, daß Sie keinen Gedanken mehr an Arme, Hände oder Schläger verschwenden.

Stichwort: „Drehen und drehen"

Diese Gefühle und Bilder werden Ihnen helfen, die Mechanismen des athletischen Schwungs in Ihr Unterbewußtsein zu übertragen. Einige werden Ihnen dienlich sein, andere weniger. Mit manchen Schlüsseln kommen Sie an einem Tag gut zurecht, am nächsten vielleicht gar nicht. Gute Spieler haben daher mehrere Schlüssel, auf die sie zurückgreifen können. Aber obwohl Sie nie Angst vor Experimenten haben sollten, ist es besser, immer nur an einem Schlüssel zur Zeit zu arbeiten. Gehen Sie die Sache aufgeschlossen an. Glauben Sie mir, es macht sehr viel Spaß, die Schlüssel herauszufinden, die es Ihnen ermöglichen, den Ball beständig zu schlagen.

WIE MAN DEN ATHLETISCHEN
━ SCHWUNG TRAINIERT ━

*B*etrachten Sie die Sache realistisch. Wenn Sie Änderungen an Ihrem Schwung vornehmen, müssen Sie mit einer Reihe von schlechten Schlägen rechnen, aber diese sind kein Grund zur Panik, besonders im Aufbaustadium Ihres athletischen Schwungs. Vergessen Sie nicht: Erst müssen Sie an einer neuen Technik arbeiten – der Erfolg stellt sich dann später ein. Lassen Sie sich nicht zu der Annahme verleiten, daß ein guter Schlag gleichbedeutend mit einem guten Schwung ist und ein schlechter Schlag immer auf einen schlechten Schwung schließen läßt.

Schlagen Sie auf der Driving Range nicht einfach nur einen Ball nach dem anderen, sondern vollführen Sie viele Probeschwünge. Arbeiten Sie zuerst mit einem relativ leichten Schläger, z. B. einem Eisen 7. Mit zunehmenden Selbstvertrauen sollten Sie die Schläger dann so häufig wechseln, bis Sie mit jedem das gleiche Gefühl haben. Legen Sie beim Training zwei Schläger auf dem Boden aus und spielen Sie immer auf ein bestimmtes Ziel – und ändern Sie dieses Ziel jeweils nach ein paar Schlägen. Lockern Sie das Training mit dem in diesem Buch empfohlenen Übungen auf. Ich würde Ihnen sogar raten, nie mehr als dreißig bis vierzig Bälle während einer Trainingsstunde zu schlagen.

Arbeiten Sie systematisch. Beginnen Sie mit dem Set-up, und gehen Sie dann zur Körperdrehung, schließlich zu den einzelnen Schlägerpositionen über. Benutzen Sie bei jedem Schlag einen athletischen Schlüssel. Sie sollten den Schwung eher fühlen, als über ihn nachdenken. Vergessen Sie dabei aber eines nicht: Trainieren Sie in regelmäßigen Abständen vor einer Videokamera oder einem Spiegel, um Ihre Fortschritte zu überprüfen.

Nehmen Sie sich auf der Übungswiese genügend Zeit zur Entwicklung Ihrer eigenen Routine vor dem Schwung. Beobachten Sie die Spitzenspieler – sie haben in Verbindung mit ihrer Routine alle einen bestimmten Rhythmus und ein bestimmtes Tempo. Dazu gehört die Festlegung eines Ziels, die Aufstellung hinter dem Ball mit dem Blick auf dieses Ziel, das Herangehen an den Ball, der Set-up, das Waggeln, das „Stichwort" und schließlich der Schwung.

Und das Ergebnis? Eine größere Beständigkeit in Ihren Schlägen und ein geringerer Seitwärtsdrall. Das als Folge Ihres effektiveren Schwungs besser square ausgerichtete Schlägerblatt schickt den Ball auf eine ziemlich gerade Flugbahn. Vielleicht werden Sie hin und wieder noch einen Pull oder Push schlagen, aber selten einen Hook oder Slice, bei denen der Ball während des Fluges eine starke Kurve beschreibt. Wenn überhaupt, dann werden Ihre Bälle nur in einer sanften Kurve von rechts nach links fliegen. Das rührt daher, daß der Schläger auf einer Bahn innerhalb der Linie zum Ziel durch den Ball schwingt.

Der günstigere Winkel, in dem Sie Ihren Schläger nun an den Ball bringen, erzeugt flachere Divots mit den Eisen und eine treffsichere Flugbahn. Dadurch hält der Ball besser die Linie und ist weniger anfällig für Wind. Durch den Einsatz der großen Muskeln während des Schwungs erreichen Sie eine höchstmögliche Schlägerkopfgeschwindigkeit und damit wiederum eine größere und – was vielleicht noch wichtiger ist – mit jedem Schläger eine beständigere Weite. Mit Ihren Eisenschlägen haben Sie so eine viel größere Chance, nahe an der Fahne zu landen.

Wenn Sie einen besonderen Schlag spielen möchten – niedrig, hoch, einen Draw oder Fade –, so brauchen Sie nur mit Ihrer Ausrichtung und der Ballposition zu experimentieren. Der fundamentale Schwung bleibt unverändert. Sobald Ihre Bälle eine konstantere Flugbahn erreicht haben, sollten Sie diese alternativen Schläge trainieren, denn damit können Sie Ihre Spielstärke noch erheblich verbessern.

Aber vor allem sollten Sie Geduld beim Training des athletischen Schwungs haben. Gute Schwünge erlernt man nicht über Nacht. Sie erfordern eine Menge Arbeit, aber wenn Sie durchhalten, wird die Belohnung nicht ausbleiben.

Zusammen-fassung

„BESTÄNDIGKEIT KANN NUR DURCH WISSEN, GEDULD UND TRAINING ERREICHT WERDEN."

Zusammenfassung

Der Schläger liegt diagonal über der Handfläche der linken Hand und über den Fingern der rechten Hand.

Beim vollständigen Griff liegt die Lebenslinie der rechten Hand über dem
linken Daumen, der wiederum auf dem Schaft ruht. Die von beiden Handgelenken geformten Winkel sind weitgehend symmetrisch, und der von jeder Hand ausgeübte Druck ist etwa gleich – leicht, aber fest.

Beim Ansprechen ist Ihre Haltung startbereit zum Schwung: Beide Füße sind um etwa 30 Grad nach außen gedreht, der Ball liegt gegenüber der linken Achselhöhle. Sie sind fertig zum Rückschwung.

Ihre Ansprechhaltung ist dann gut, wenn eine imaginäre Linie von der Mitte Ihres rechten Trizeps oder der rechten Schulter an der Kniescheibe entlang in den rechten Fußballen führen würde.

Bei der Ausrichtung des Körpers zum Ziel setzen Sie als erstes die Schlagfläche square hinter dem Ball auf: Zur Unterstützung können Sie drei
Schläger parallel zueinander auf dem Boden auslegen: Einen entlang der
Fußlinie, einen hinter dem Ball mit dem Griff in Richtung Ziel und den
dritten jenseits des Balls... Füße, Knie, Hüften und Augen sind parallel zu
diesen Linien ausgerichtet, die Schultern ein klein wenig geöffnet, so daß
in der Seitenansicht die untere Hälfte des linken Unterarms zu sehen ist.

127

Mit der „Kreuzübung" - rechte Hand auf linke Schulter, linke Hand auf
rechte Schulter - läßt sich die richtige Drehbewegung sehr gut simulieren.
(Während der Drehung sollten Sie darauf achten, den Winkel des Rückgrats beizubehalten).

Beim Rückschwung drehen Sie sich um Ihre rechte Achse, eine imaginäre
Linie, die sich von der rechten Achselhöhle nach unten erstreckt. Beim Abschwung geschieht das gleiche, aber die Drehung erfolgt diesmal um die
linke Achse.

129

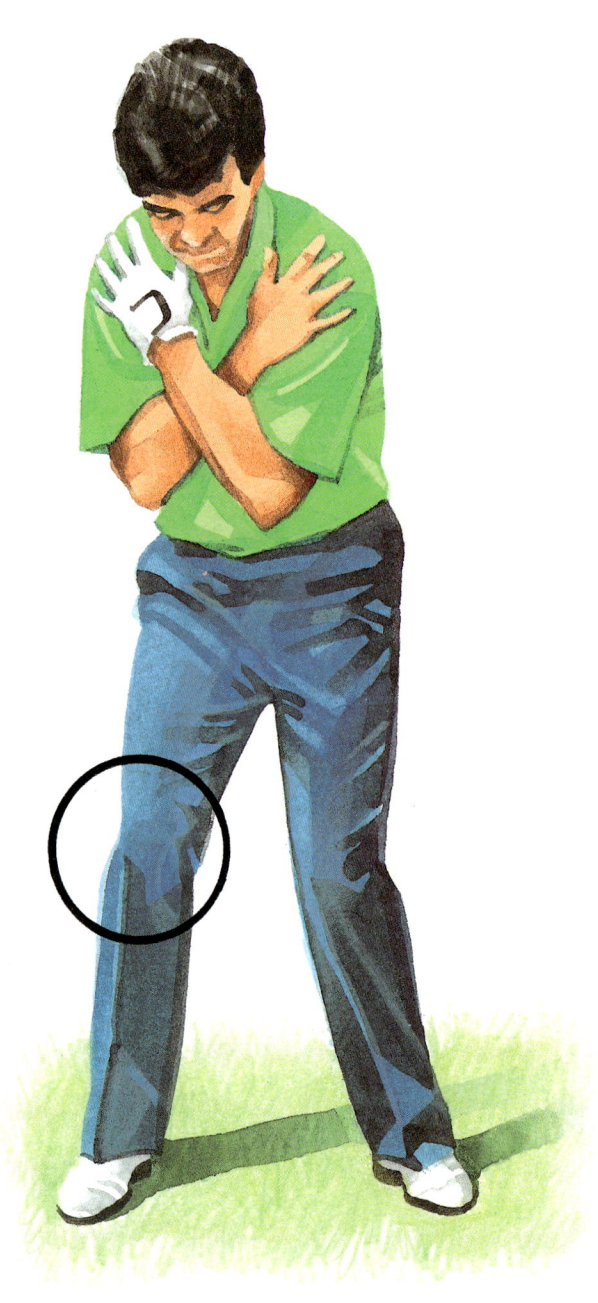

Bei der Drehung im Rückschwung um die rechte Achse muß das rechte Knie so gebeugt bleiben, wie es beim Ansprechen war.

Während des Richtungswechsels nehmen die Beine eine Haltung ein, als wollten Sie sich hinsetzen.

Mit einem Schläger quer über den Schultern kann man den Richtungswechsel besser fühlen.

131

(a) Phase 1 des athletischen Schwungs ist das Ansprechen.

(b) In Phase 2 zeigt der Schlägerkopf auf einem imaginären Zifferblatt direkt auf 8 Uhr. Das Griffende des Schlägers, der sich oberhalb der rechten Oberschenkelmitte befindet, zeigt zum Nabel.

(c) Wenn der Schlägerkopf in Phase 2 auf 8 Uhr stand, so steht er in Phase
3 auf 9 Uhr. Der Schläger befindet sich parallel zum Boden und parallel zur Linie zum Ziel. Die rechte Handfläche hat eine Haltung, als
wollten Sie jemandem die Hand reichen.

(d) In Phase 4 befindet sich der linke Arm waagrecht zum Boden, der
Schläger in einer aufrechteren Ebene. Ab dieser Phase wird der Schläger allein durch die Körperdrehung bis zum höchsten Punkt geführt.

133

(e) Phase 5 ist eigentlich wie Phase 4, aber übertragen auf den höchsten Punkt des Rückschwungs. Der linke Arm schwingt die Brust hinauf, bleibt aber eng mit ihr verbunden.

(f) Eine weitere Übertragung: Diesmal wird Phase 5 – der Richtungswechsel – auf Phase 6 übertragen. Die Ebene des Abschwungs ist jedoch etwas flacher als die des Rückschwungs. Der linke Arm bleibt nach wie vor eng mit der Brust verbunden.

(g) Phase 7 ist das absolute Spiegelbild von Phase 3. Der Schläger verläuft wiederum parallel zum Boden und parallel zur Linie zum Ziel. Die Handgelenke sind noch immer voll abgewinkelt.

(h) Ihr wichtigstes Ziel in Phase 8 – im Treffmoment – besteht darin, den Schläger in die gleiche Stellung und in den Winkel wie beim Ansprechen zu bringen. Dann ist er „in der Ebene", und Sie haben eine bessere Chance zu einem kräftigen Schlag.

135

(i) Phase 9 ist ein weiteres Spiegelbild, diesmal von Phase 2 mit dem Unterschied, daß der Schläger nicht auf 8 Uhr, sondern auf 4 Uhr zeigt. Die Verbindung zwischen Armen und Körper besteht noch immer; das Griffende des Schlägers zeigt auf Ihren Nabel.

(j) In Phase 10 ist der rechte Arm über die Horizontale hinaus voll ausgestreckt, und die Handgelenke sind genau wie in Phase 4 voll abgewinkelt. Ihr Körper hat sich soweit gedreht, daß er zum Ziel zeigt.

(k) Phase 11 ist nurmehr eine Fortsetzung von Phase 10. Durch die Vollendung des Schwungs werden die Arme bis zum Finish geführt.

137

Die erste Bewegung des Schlägers betrifft nicht nur Hände und Arme, sondern den ganzen Körper. Simulieren Sie diese Bewegung, indem Sie den Schaft an ihren Nabel legen und bis zur 8-Uhr-Stellung drehen. Fühlen Sie, wie der Körper die Drehung einleitet, um den Schläger in Gang zu setzen.

Stellen Sie sich Ihren athletischen Schwung als Spiegelbild vor, wobei von jeder Körperseite ähnliche Positionen durchlaufen werden.

Die Ebene des Rückschwungs ist steiler als die des Abschwungs.

Der höchste Punkt ist ein wichtiger Bezugspunkt, aber keine statische Stellung. In Wirklichkeit bewegt sich der Körper sogar in zwei Richtungen gleichzeitig. Während der Oberkörper seinen Rückschwung vollendet, startet der Unterkörper bereits zum Abschwung.

139

Im Treffmoment sollten Sie sich vorstellen, in eine Wand zu schlagen.

Vollführen Sie einige Schwünge nur mit dem rechten Arm. Das verbessert Ihr Gefühl, den Schlägerkopf frei durch den Ball fliegen zu lassen.

Wenn Ihr Körper seine Haltung im Finish einige Sekunden lang beibehalten kann, dann haben Sie einen ausgewogenen Schwung vollführt.

Und zum Schluß: Der volle athletische Golfschwung.